ASTUCES POUR UN ÉTÉ GÉNIAL

DES VACANCES EN FAMILLE
PLUS ÉCONOMIQUES,
PLUS ÉCOLOGIQUES
ET DÉCONNECTÉES

À LA PLAGE / EN RANDONNÉE / AU JARDIN / À LA MAISON / À LA CAMPAGNE

SOLAR
au quotidien

Pour la réalisation des cosmétiques maison, ne pas oublier les règles suivantes : bien se laver les mains, désinfecter le matériel, respecter les dosages et le protocole indiqué, inscrire la date de fabrication, conserver à l'abri de la chaleur et de la lumière et faire un test cutané avant application.

Les huiles essentielles sont très concentrées en molécules actives et doivent donc être utilisées en très petites quantités et sur des périodes courtes. Elles peuvent provoquer des effets secondaires le plus souvent bénins. En cas de doute, demandez conseil à votre pharmacien ou à votre médecin.

SOMMAIRE

POUR UN ÉTÉ GÉNIAL

VIVE LES VACANCES !

TOI AUSSI TU AIMES EN PROFITER

L'été est là, et avec lui, l'envie de profiter des beaux jours, de partir à l'aventure et de vivre des moments inoubliables. Mais réussir ses vacances, ce n'est pas seulement partir loin ou dépenser beaucoup, c'est avant tout savoir profiter intelligemment de chaque instant, en toute simplicité.

Moi, c'est Jonathan Coni. Depuis toujours, j'aime partager, transmettre et aider. Mon plaisir, c'est de chercher, tester et inventer des solutions astucieuses pour simplifier le quotidien. À travers mes contenus et mes livres, je veux prouver qu'on peut faire soi-même, économiser, être plus écologique, et surtout s'amuser en famille sans se compliquer la vie.

Ce livre, c'est bien plus qu'un simple recueil d'astuces. C'est une invitation à changer de regard sur les vacances, à voir autrement la manière dont on prépare, vit et savoure cette période. Je veux vous montrer que l'ingéniosité et la débrouille peuvent transformer vos vacances en une expérience enrichissante, économique et pleine de bons moments.

Parce que partager, c'est enrichir les autres autant que soi-même, vous trouverez ici des idées futées, des astuces DIY, des recettes simples et des conseils pratiques pour profiter pleinement de l'été, sans stress et sans gaspillage.

UN ÉTÉ MALIN ET ASTUCIEUX

- Comment se protéger naturellement de la chaleur, rafraîchir son espace et dormir sereinement malgré la canicule ?
- Quelles astuces permettent de se débarrasser des moustiques et autres petits tracas d'été sans produits chimiques ?
- Comment fabriquer soi-même des indispensables pour les vacances : crème solaire, savon multi-usages, brumisateur naturel ?

DES VACANCES RÉUSSIES SANS SE RUINER

- Voyager léger et malin : des astuces pour optimiser sa valise et éviter les dépenses inutiles.
- Des recettes minimalistes et savoureuses à base de peu d'ingrédients, parfaites pour le camping, la plage ou la randonnée.
- Comment profiter des plaisirs de l'été sans exploser son budget grâce à des alternatives astucieuses et économiques ? Le prix moyen en magasin versus le prix du produit fait maison est indiqué dans une pastille.

UN ÉTÉ PLUS ÉCOLOGIQUE ET RESPECTUEUX DE LA NATURE

- Comment réduire ses déchets même en voyage, éviter le plastique et privilégier le durable ?
- Des solutions zéro déchet simples pour le pique-nique, la plage ou le camping.
- Des astuces pour sensibiliser les enfants à la nature, apprendre à reconnaître les plantes, observer les oiseaux…

DES VACANCES PLUS HUMAINES ET DÉCONNECTÉES

- Des jeux simples et amusants à partager en famille ou entre amis, pour des souvenirs qui restent gravés.
- Comment profiter du moment présent sans être collé à un écran et redécouvrir le plaisir des échanges et de la créativité ?
- Des activités ludiques qui permettent de se retrouver, de partager et de renforcer les liens avec ses proches.

UN GUIDE DE VACANCES CONÇU POUR PARTAGER ET TRANSMETTRE

Mon objectif avec ce livre est de vous donner les clés pour un été réussi, avec des astuces qui ne sont pas juste pratiques, mais qui ont du sens. Car pour moi, les vraies vacances, ce sont celles qui nous permettent de nous recentrer sur l'essentiel : le partage, la simplicité et la créativité.

Que vous soyez à la plage, en randonnée, au camping ou simplement chez vous à profiter de l'été, ce livre sera votre meilleur allié. Chaque astuce que vous y trouverez est pensée pour vous faciliter la vie, vous faire économiser, et surtout vous permettre de vivre pleinement l'instant présent.

Alors, prêt à transformer votre été avec ces astuces de génie ?

Jonathan Coni

LE TEMPS DES VALISES

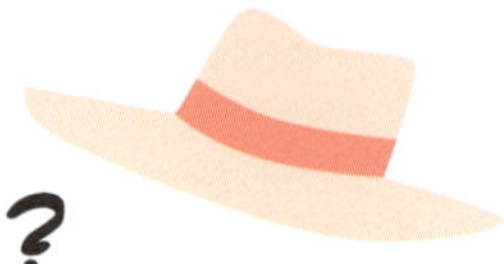

TOI AUSSI TU PARS EN VACANCES ?

BIEN CHOISIR SA VALISE

Cela peut paraître évident mais il est utile de rappeler 3 règles d'or.

1. Choisir un modèle adapté à votre type de vacances.
2. Choisir un modèle avec rangements et pochettes intégrées. Cela vous évitera d'ajouter de multiples pochettes pour organiser votre valise.
3. Choisir un bagage toujours un peu plus grand que nécessaire. Cela simplifiera la recherche des affaires et surtout vous aurez la possibilité de rapporter des souvenirs.

UNE VALISE POUR 10 JOURS DE VACANCES AU SOLEIL

- 2 pantalons légers
- 1 short
- 1 jupe longue ou 1 bermuda
- 1 robe de plage ou 1 bermuda
- 2 maillots de bain
- 1 gilet
- 5 débardeurs ou 5 tee-shirts
- 5 tee-shirts
- 1 chemise en coton à manches longues
- 1 paire de tennis
- 1 paire de sandales ou 1 autre paire de tennis

CETTE LISTE EST DONNÉE À TITRE INDICATIF. ELLE VOUS DONNE JUSTE UNE IDÉE DU NOMBRE D'AFFAIRES À PRENDRE. À VOUS ENSUITE DE LA MODIFIER EN FONCTION DE VOS GOÛTS ET DE VOS IMPÉRATIFS DE VOYAGE (EN AVION PAR EXEMPLE).

BIEN RANGER SA VALISE

1. Afin de pouvoir manipuler sa valise facilement, toujours placer le plus lourd, comme les chaussures, vers les roues.
2. Rentabiliser chaque espace : pour gagner de la place, caler une culotte entre des soutiens-gorge, mettre les chaussettes, un jeu de cartes ou des paquets de mouchoirs à l'intérieur de ses chaussures, elles-mêmes rangées dans un sac pour protéger le reste des affaires.
3. Réunir tous les éléments high-tech dans une seule pochette. Cela permet de gagner de la place, mais également d'éviter de les abîmer ou de les salir dans son sac.

POCHES À VÊTEMENTS POUR BIEN RANGER SA VALISE

MATÉRIEL
- Sacs de congélation ou pochettes en tissu

1. Ranger les vêtements par catégorie ou par jour dans des sacs.
2. Étiqueter chaque sac selon son contenu (lundi : déjeuner/maillots de bain).
3. Les empiler dans votre valise pour un rangement compact.

C'EST QUE DU GÉNIE
Cette méthode simplifie le rangement et permet de sortir uniquement ce dont vous avez besoin.

UN ÉTUI À LUNETTES COMME TROUSSE DE PREMIERS SECOURS

C'EST QUE DU GÉNIE...
Cette trousse compacte est pratique pour les petits accidents et ne surcharge pas vos bagages.

MATÉRIEL
- 1 pochette compacte (étui à lunettes).

1. Placer des compresses, des pansements, des lingettes désinfectantes et 1 petite paire de ciseaux dans l'étui.
2. Ajouter une carte avec les numéros d'urgence et 1 petit flacon de désinfectant.

PÈSE-BAGAGES MAISON

MATÉRIEL
- 1 balance de salle de bains
- 1 sac solide avec poignées

TU SAVAIS QUE...
CETTE MÉTHODE VOUS ÉVITE LES FRAIS SUPPLÉMENTAIRES POUR EXCÈS DE POIDS DE BAGAGES À L'AÉROPORT.

1. Placer vos affaires dans le sac solide.
2. Monter sur la balance en tenant le sac et noter le poids total.
3. Soustraire votre poids pour connaître le poids exact du sac.

POUR LES ENFANTS

CRÉER UN TABLEAU VISUEL

Sur le support de votre choix, coller des images ou dessiner les articles essentiels que les enfants doivent emporter (vêtements, chaussures, jouets, etc.). Cela les rendra autonomes tout en s'assurant qu'ils n'oublient rien d'important.

CRÉER UNE LISTE RÉUTILISABLE POUR NE RIEN OUBLIER

MATÉRIEL
- Papier
- Plastifieuse ou pochettes plastiques
- Marqueur effaçable

C'EST QUE DU GÉNIE
Vous gagnez du temps et vous n'êtes pas stressé, car rien n'est oublié.

1 Rédiger une liste des indispensables (vêtements, chargeurs, documents, trousse de toilette).

2 Plastifier la liste ou la placer dans une pochette plastique.

3 Utiliser un marqueur effaçable pour cocher les items préparés avant chaque départ. Une fois tous les items cochés, vous pouvez effacer le marqueur et votre liste reste réutilisable pour les prochaines vacances.

SAVOIR SI DES COUPURES DE COURANT SE SONT PRODUITES EN VOTRE ABSENCE

NE ME REMERCIE PAS
C'EST TOTALEMENT GRATUIT

MATÉRIEL
- 1 pièce de monnaie
- 1 bol
- Eau

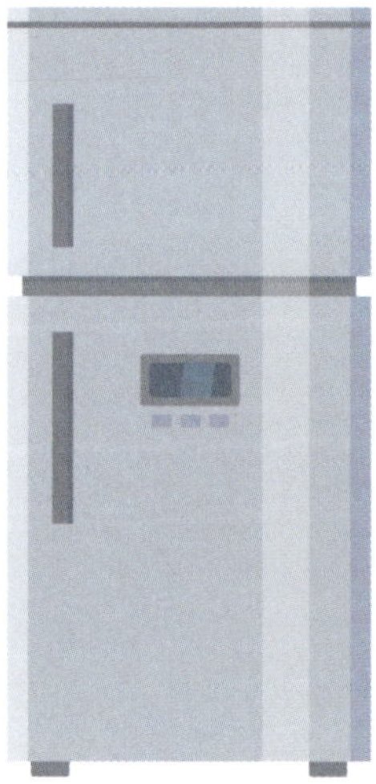

1 Avant de partir, remplir un bol d'eau.

2 Le mettre au congélateur jusqu'à ce que l'eau soit entièrement congelée.

3 Ensuite, placer la pièce de monnaie sur la glace.

Si, au retour, la pièce est au fond du bol, cela signifie que le congélateur a perdu du courant suffisamment longtemps pour que la glace fonde, ce qui pourrait avoir affecté la qualité des aliments.

POUR LES ENFANTS

CHASSE AUX COULEURS

Ce jeu est idéal pour apprendre les couleurs et donne l'occasion aux petits de bouger.

Montrer aux enfants des cartes de couleur que vous pouvez bien sûr créer vous-même ou donner à créer à des enfants plus grands. Leur demander de trouver des objets de cette couleur dans la pièce ou à l'extérieur.

UNE VALISE OPTIMISÉE

Plutôt que de plier les vêtements, les rouler bien serrés avant de les mettre dans la valise.

Cela permet non seulement de maximiser l'espace disponible, mais réduit également les plis, surtout pour les tissus qui se froissent facilement.

ÉTIQUETER LES BAGAGES AVEC UN QR CODE

1. Créer un QR code (pour cela, vous pouvez télécharger des applications gratuites) contenant son nom, son adresse email et son numéro de téléphone.
2. L'imprimer et l'attacher au bagage.

Si quelqu'un trouve votre valise perdue, il pourra facilement scanner le code et accéder à vos coordonnées sans les écrire en clair sur le bagage. Et ainsi la personne pourra vous prévenir.

MALIN : ON SCANNE LES DOCUMENTS IMPORTANTS

Prendre en photo ou scanner les documents de voyage (passeports, cartes d'identité, billets, réservations) et se les envoyer à son adresse email. En cas de perte ou de vol, vous aurez une copie facilement accessible, même à distance. À supprimer après le voyage pour des questions de sécurité (si jamais votre boîte mail est piratée).

ON PREND DES PHOTOS DE SES BAGAGES

Une fois les valises et sacs fermés, prendre en photo chacun d'eux. Si vous prenez l'avion et que votre bagage est perdu ou endommagé pendant le trajet, vous aurez une preuve visuelle de leur apparence et de leur état, ce qui facilitera les réclamations auprès des compagnies de transport.

LE TEMPS DES VALISES

EMPORTER UN SAC POUR LES VÊTEMENTS SALES

MATÉRIEL
- 1 sac de compression

Un sac de compression permet de ranger les vêtements sales ou mouillés sans salir le reste des affaires.

TU SAVAIS QUE...
AU RETOUR, UTILISEZ CE SAC DE COMPRESSION POUR RANGER LES VÊTEMENTS QUE VOUS N'AVEZ PAS L'INTENTION DE PORTER ET ÉCONOMISER DE L'ESPACE.

DÉSODORISANTS POUR LES VALISES

Astuce n° 1

2 € / 0,10 €

PRODUITS
- 1 sachet de bicarbonate de soude
- 1 morceau de tissu ou 1 sachet

Si votre valise s'est imprégnée de mauvaises odeurs, y placer 1 sachet de bicarbonate de soude ou 1 morceau de charbon actif dans 1 morceau de tissu.

TU SAVAIS QUE...
POUR UNE ODEUR AGRÉABLE, AJOUTER QUELQUES GOUTTES D'HUILE ESSENTIELLE DE VOTRE CHOIX SUR UN MORCEAU DE COTON ET LE PLACER DANS LA VALISE.

Astuce n° 2

2 € / 0,20 €

PRODUITS
- ½ tasse de bicarbonate de soude
- ¼ de tasse de riz
- 10 gouttes d'huile essentielle de citron
- 1 sachet en tissu

1. Mélanger le bicarbonate de soude et le riz dans le petit sac en tissu.
2. Ajouter les gouttes d'huile essentielle.
3. Placer le sachet en tissu dans la valise ou le sac de voyage pour un parfum agréable.

BIEN RANGER SES CHARGEURS ET SES CÂBLES

Astuce n° 1

MATÉRIEL

- Pochettes à lunettes ou à maquillage

Pour éviter que les câbles ne s'emmêlent, utiliser des petites pochettes pour chacun des chargeurs et accessoires électroniques. Une pochette à lunettes ou à maquillage est idéale.

TU SAVAIS QUE...
LES CÂBLES RESTENT AINSI ORGANISÉS ET PROTÉGÉS DES NŒUDS OU DES TORSIONS.

Astuce n° 2

MATÉRIEL

- Rouleaux de papier toilette ou tubes en carton rigide

1. Récupérez des rouleaux en carton vides.
2. Enrouler chaque câble individuellement et l'insérer dans un rouleau.
3. Étiqueter les rouleaux (exemple : chargeur téléphone, câble USB).

ÉVITER LES FUITES DES PRODUITS DE TOILETTE

MATÉRIEL

- 1 morceau de film étirable alimentaire

Avant de mettre les flacons de shampooing ou de gel douche dans la valise, placer un morceau de film plastique entre la bouteille et le bouchon pour éviter les fuites. Bien revisser.

POUR LES ENFANTS

MARQUE-PAGES DIY

De jolis marque-pages que les enfants pourront utiliser pour que vous, parents, puissiez reprendre la lecture des histoires au bon endroit !

Découper des morceaux de carton en forme de marque-pages. Laisser les enfants dessiner ou colorier leurs motifs préférés. Vous pouvez aussi leur proposer de décorer ces marque-pages avec des autocollants. Faire un trou en haut du marque-page pour ajouter une petite ficelle, ce qui personnalise davantage l'objet.

IL EST VENU LE TEMPS DU BARBECUE...

TOI AUSSI TON BARBECUE IL CHAUFFE

DÉGRAISSER LA GRILLE DU BARBECUE OU LA PLANCHA

6 €/ 50 cl | 0,20 €

PRODUITS
- 30 cl d'eau chaude
- 3 cuil. à soupe de savon noir liquide
- 3 cuil. à soupe de bicarbonate de soude
- 2 cuil. à soupe de cristaux de soude

CONSERVATION
Environ 2 semaines

1 Dans un récipient, mettre l'eau chaude, le savon noir, le bicarbonate et les cristaux de soude.

2 Bien mélanger afin de bien dissoudre tous les produits.

3 Mettre dans un spray. Pulvériser le produit sur la grille et frotter avec un chiffon.

RENDRE LA GRILLE DU BARBECUE ANTIADHÉSIVE

PRODUIT
- 1 pomme de terre

1 Couper la pomme de terre en deux.

2 Frotter la grille du barbecue avec la chair de la pomme de terre. La viande ne collera plus.

TU SAVAIS QUE...
L'AMIDON CONTENU DANS LA POMME DE TERRE FAIT EN SORTE QUE LA VIANDE NE COLLE PAS.

ATTENDRIR LA VIANDE

TU SAVAIS QUE...
CETTE TECHNIQUE PERMET ÉGALEMENT À LA VIANDE D'ÊTRE PLUS JUTEUSE.

PRODUIT
- 1 glaçon

NE ME REMERCIE PAS C'EST TOTALEMENT GRATUIT

Au cours de la cuisson, déposer sur la viande 1 glaçon. Cela va l'attendrir. Et si avant, vous avez bien frotté votre grille avec la pomme de terre (voir astuce ci-dessus), la viande ne collera pas.

ALLUME-FEUX POUR LE BARBECUE

Astuce n° 1

4 à 6 € / gratuit

PRODUITS & MATÉRIEL
- 1 boîte d'œufs vide
- Marc de café
- Huile de cuisine usagée

1. Découper chaque compartiment de la boîte d'œufs. Mettre dans chaque compartiment du marc de café. Un compartiment correspond à un allume-feu.
2. Verser par-dessus de l'huile. Laisser imbiber. L'allume-feu est prêt.

Astuce n° 2

PRODUITS & MATÉRIEL
- 1 carton de rouleau de papier toilette
- Huile de cuisine usagée

NE ME REMERCIE PAS C'EST TOTALEMENT GRATUIT

1. Tremper le carton du rouleau de papier toilette dans l'huile. L'imbiber à moitié suffit amplement. L'allumer et le placer dans le barbecue.

Astuce n° 3

PRODUITS & MATÉRIEL
- Huile usagée
- Bouchons de liège

CONSERVATION
Dans n'importe quel contenant avec toujours un petit fond d'huile

1. Au lieu de jeter l'huile usagée de cuisine, la mettre dans un verre ou un pot.
2. Ne pas jeter les bouchons en liège. Les mettre dans l'huile usagée.
3. Les laisser s'imprégner d'huile au minimum une nuit et sinon plusieurs jours. Les allume-feux sont prêts.

C'EST QUE DU GÉNIE
Si vous n'avez pas de barbecue, cet allume-feu est aussi un répulsif pour les guêpes par l'odeur qu'il dégage une fois allumé. Pour cette utilisation, le déposer dans une petite coupelle.

POUR LES ENFANTS

SIROP DE FRAISE NATUREL

Pour faire patienter les enfants pendant que le barbecue se prépare, leur faire déguster ce sirop de fraise. Il se conserve 2 à 3 jours au réfrigérateur dans un pot à confiture fermé. Mais il est très rare qu'il en reste au bout de 2 jours...

Dans une casserole, verser 12,5 cl d'eau. Ajouter les queues d'une grosse poignée de fraises et 7 cuillerées à soupe de sucre en poudre. Faire chauffer. Porter à ébullition, puis baisser le feu et laisser frémir 15 à 20 minutes. Une fois que la texture est légèrement épaisse, couper le feu et laisser refroidir. Filtrer. Le sirop est prêt.

COQUILLAGES ET CRUSTACÉS

TOI AUSSI TU AIMES LA PLAGE ET LE SABLE

LES ESSENTIELS DU SAC DE PLAGE

- 1 serviette de plage ou 1 paréo
- 1 pochette pour le téléphone
- 1 petite glacière pour 1 boisson
- 1 tube de crème solaire
- 1 trousse de secours express (voir p. 30)
- 1 maillot de rechange
- 1 pochette pour accessoires divers
- 1 livre ou 1 magazine de jeux
- 1 pique-nique si vous décidez de déjeuner à la plage
- 1 sac pour faire office de « poubelle »

ÔTER LE SABLE DE SES PIEDS

PRODUIT
- Poudre de talc

Avant de quitter la plage, appliquer du talc sur les pieds et les jambes. Frotter légèrement. La poudre absorbe l'humidité, et ainsi le sable se détache facilement de la peau, laissant les pieds propres avant de remettre les chaussures.

MALIN : LA MINIDOUCHE SOLAIRE

Une petite douche pour se désensabler rapidement.

NE ME REMERCIE PAS
C'EST TOTALEMENT GRATUIT

MATÉRIEL
- 1 bouteille en plastique noir
- 1 perceuse ou poinçon

1. Remplir la bouteille noire d'eau. Bien la fermer.
2. Laisser la bouteille au soleil pendant 1 à 2 heures afin que l'eau chauffe.
3. Percer des petits trous dans le bouchon et utiliser la bouteille comme douchette.

TU SAVAIS QUE...
CE DISPOSITIF EST PARFAIT POUR ÔTER LE SABLE OU SE LAVER RAPIDEMENT.

POCHETTES ÉTANCHES POUR TÉLÉPHONE

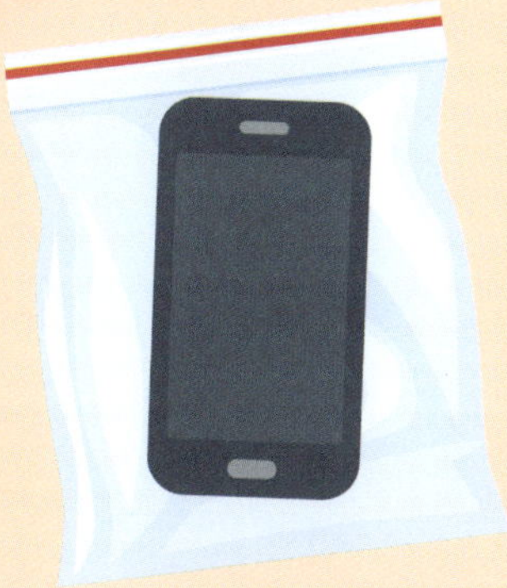

Astuce n° 1

MATÉRIEL
- 1 sac de congélation

Placer son téléphone dans un sac de congélation transparent avec fermeture hermétique.

Cela le protège efficacement du sable et de l'eau tout en permettant l'utilisation de l'écran tactile pour prendre des photos ou écouter de la musique sans risque.

Astuce n° 2

MATÉRIEL
- 1 pochette en plastique pour classeur
- Ruban adhésif

Mettre le téléphone dans la pochette en plastique et la fermer avec du ruban adhésif. Cela le protège de l'eau et du sable, tout en permettant de l'utiliser sur la plage sans risque.

FABRIQUER UN PORTE-CLÉS FLOTTANT

C'EST QUE DU GÉNIE

Vos clés flotteront à la surface de l'eau si vous les laissez tomber lors de vos promenades au bord de l'eau.

MATÉRIEL
- 1 balle de ping-pong
- Colle forte
- Fil ou ficelle solide

1. Percer un petit trou dans la balle de ping-pong.
2. Passer une ficelle à travers et la fixer à vos clés.
3. Sceller le trou avec de la colle forte pour éviter les infiltrations d'eau.

POUR LES ENFANTS

JEUX DE SABLE CRÉATIFS

S'amuser sans se ruiner !

Au lieu d'acheter des jouets de plage, utiliser des moules à pâtisserie pour que les enfants créent des formes originales dans le sable. En plus d'être pratiques, ils ajoutent un élément créatif pour construire des châteaux et autres structures.

PAS DE SABLE DANS LA MAISON

MATÉRIEL
- 1 sac filet pour linge délicat

1. Avant de partir à la plage, ranger les jouets de plage dans un sac filet.
2. À la fin de la journée, secouer le sac pour éliminer le sable avant de rentrer.

C'EST QUE DU GÉNIE
Cela réduit grandement la quantité de sable ramenée à la maison.

REPÉRER SON PARASOL POUR NE PAS SE PERDRE !

MATÉRIEL
- 1 foulard ou 1 ruban coloré ou petite décoration légère

1. Nouer le foulard ou attacher le ruban coloré en haut de votre parasol.
2. Si vous êtes en groupe, donner à chaque famille une couleur différente.

TU SAVAIS QUE...
VOUS REPÉREZ AINSI VOTRE EMPLACEMENT RAPIDEMENT, MÊME DANS LA FOULE.

REPÉRER SA SERVIETTE

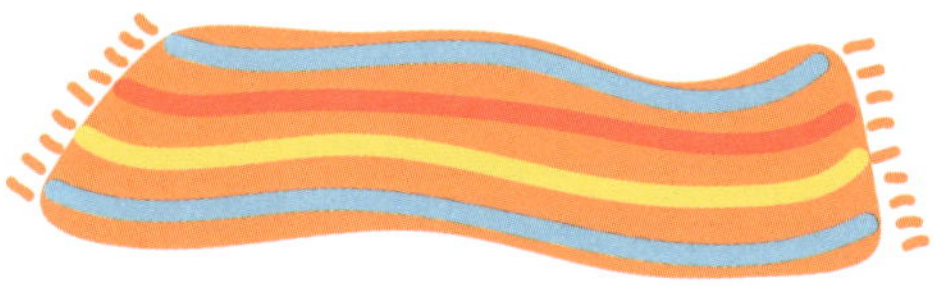

MATÉRIEL
- 1 chapeau coloré

Si la plage est bondée, poser un objet facilement identifiable (un chapeau coloré ou un petit drapeau) sur la serviette de plage pour la retrouver facilement. Ainsi, vous pouvez repérer votre emplacement d'un seul coup d'œil.

POUR LES ENFANTS

CHASSE AU TRÉSOR DE PLAGE

Créer une liste d'objets à trouver sur la plage : coquillages, galets, morceaux de bois flotté. Cela occupera les enfants tout en les encourageant à explorer la plage et découvrir la nature.

MALIN : CACHER SES OBJETS DE VALEUR

MATÉRIEL
- 1 bouteille vide de crème solaire

NE ME REMERCIE PAS
C'EST TOTALEMENT GRATUIT

1 Nettoyer une bouteille de crème solaire vide.

2 L'utiliser pour y cacher votre argent, vos clés et autres petits objets de valeur. À l'abri des regards, ils seront protégés des voleurs opportunistes.

WAOUH, IL FAIT CHAUD ! SE RAFRAÎCHIR FACILEMENT

MATÉRIEL
- 1 glacière
- Petites serviettes

1 La veille, humidifier des petites serviettes, les plier et les mettre au congélateur.

2 Les placer ensuite dans une glacière.

3 Lorsqu'il fait très chaud, utiliser ces serviettes fraîches pour se rafraîchir.

ÉVENTAIL EN PAPIER MAISON

MATÉRIEL
- 1 feuille de papier cartonné

NE ME REMERCIE PAS
C'EST TOTALEMENT GRATUIT

Plier la feuille de papier solide en accordéon pour faire un éventail. Cela offre un rafraîchissement rapide et évite d'acheter un éventail en cas de chaleur.

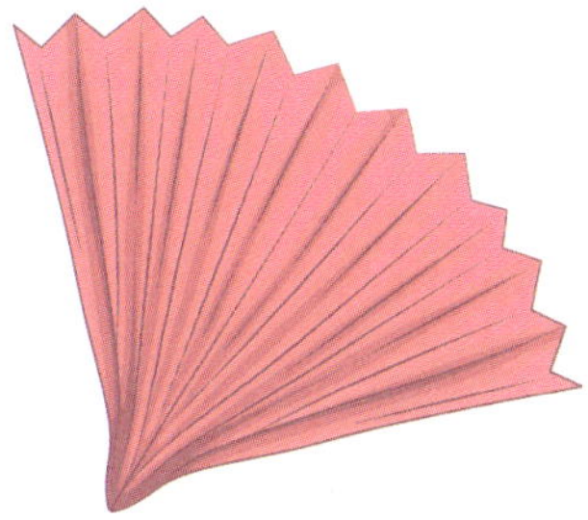

SPRAY ANTIMOUSTIQUES

8 € / 0,50 €

PRODUITS
- 1 cuil. à soupe d'huile de coco
- 10 gouttes d'huile essentielle de citronnelle

CONSERVATION
Dans un endroit frais et sec,
à l'abri de la lumière directe du soleil

(!) Faire un test de tolérance cutanée avant application.
Consulter l'avis d'un professionnel pour les femmes enceintes, allaitantes et les enfants.

1 Mélanger dans un spray l'huile de coco et l'huile essentielle.

2 Appliquer sur la peau pour repousser les moustiques pendant la soirée sur la plage.

CRÈMES SOLAIRES

15 € / 5 €

Astuce n° 1

PRODUITS
- ¼ de tasse d'huile de coco
- ¼ de tasse d'huile de karité
- 2 cuil. à soupe d'oxyde de zinc non nano (en pharmacie)

CONSERVATION
À température ambiante ou au réfrigérateur
dans un contenant hermétique pas plus de 3 mois

1 Mélanger tous les ingrédients dans un spray.
Appliquer sur la peau avant toute exposition au soleil.

Astuce n° 2

PRODUITS
- 2 cuil. à soupe d'oxyde de zinc non nano (en pharmacie)
- 10 cl de crème hydratante neutre

CONSERVATION
À température ambiante ou au réfrigérateur
dans un contenant hermétique pas plus de 3 mois

1 Mélanger l'oxyde de zinc et la crème hydratante neutre. Mettre la préparation dans un pot.

2 Appliquer généreusement sur la peau avant de sortir.

TU SAVAIS QUE...
L'OXYDE DE ZINC NON NANO EST L'INGRÉDIENT CLÉ DE PROTECTION DES CRÈMES SOLAIRES.
À NE PAS CONFONDRE AVEC L'OXYDE DE ZINC NANO QUI PEUT ÊTRE TOXIQUE EN CAS D'INHALATION.

(!) Faire un test de tolérance cutanée avant application.
Il n'y a pas d'indice de protection donc renouveler souvent l'application et se protéger lors de longues expositions au soleil (chapeau, vêtements protecteurs).
Consulter l'avis d'un professionnel pour les femmes enceintes, allaitantes et les enfants.

EXFOLIANTS NATURELS

Astuce n° 1

NE ME REMERCIE PAS
C'EST TOTALEMENT GRATUIT

PRODUIT
- Sable

Frotter avec du sable fin les pieds et éliminer les peaux mortes après une journée à la plage. Un gommage naturel !

C'EST QUE DU GÉNIE
Ces alternatives naturelles et économiques vont vous permettre de supprimer les cellules mortes de la peau.

Astuce n° 2

PRODUITS
- ¼ de tasse de sucre en poudre
- ¼ de tasse d'huile de coco

Mélanger dans un bol les ingrédients et frotter doucement sur la peau pour exfolier après une journée à la plage.

Astuce n° 3

PRODUITS
- 100 g de savon de Marseille
- 2 cuil. à soupe de sel de mer

1. Râper le savon de Marseille.
2. Le mélanger avec le sel jusqu'à l'obtention d'une pâte. Frotter doucement sur la peau. Ce savon exfoliant est nourrissant.

POUR LES ENFANTS

MOBILE COQUILLAGES

Une activité qui débute à la plage et se poursuit à la maison.

Récupérer des coquillages. Les parents doivent se mettre au bricolage et percer les coquillages à l'aide d'un foret et d'une visseuse afin d'y faire un trou. Puis les attacher à des morceaux de ficelle. Fixer le tout à un bâton pour créer un mobile décoratif à accrocher dans la chambre des enfants.

COQUILLAGES ET CRUSTACÉS

BOIRE FRAIS TOUTE LA JOURNÉE

PRODUITS
- 1 bouteille d'eau
- Morceaux de citron

1 Mettre dans une bouteille d'eau des morceaux de citron.

2 La congeler.

Elle restera froide toute la journée et le citron ajoutera un goût rafraîchissant et naturel.

BOUTEILLE GLACÉE MULTI-USAGE

MATÉRIEL
- 1 bouteille en plastique
- Eau

NE ME REMERCIE PAS C'EST TOTALEMENT GRATUIT

1 Remplir la bouteille d'eau et la mettre au congélateur.

2 Elle peut servir de glaçon géant pour la glacière ou de bouteille rafraîchissante. Dans ce cas, l'envelopper d'une serviette et la déposer sur les bras ou les jambes.

GARDEZ UNE PETITE BOUTEILLE DE VINAIGRE DANS VOTRE KIT DE PREMIERS SECOURS DE PLAGE.

PIQÛRE DE MÉDUSE

PRODUIT
- Vinaigre

En cas de piqûre de méduse, appliquer du vinaigre pour neutraliser le venin.

TAPIS DE SOL DE PLAGE IMPERMÉABLE

MATÉRIEL
- 1 nappe en plastique
- Ciseaux

1. Découper la nappe en plastique à la taille souhaitée.
2. Ce tapis résistant est idéal à poser sur la plage afin que l'humidité ou le sable ne s'infiltre.

C'EST QUE DU GÉNIE
Facile à laver à la fin de la journée.

MONTER UNE TENTE DE PLAGE DE FORTUNE

MATÉRIEL
- 1 drap
- 1 corde
- 2 piquets en bois
- Épingles à linge

1. Attacher la corde entre les 2 piquets plantés dans le sable (ou 2 arbres !) en veillant à ce qu'elle soit bien tendue.
2. Jeter le drap sur la corde de manière à ce qu'il pende de chaque côté.
3. Utiliser des épingles à linge pour fixer le drap à la corde, afin qu'il ne glisse pas.
4. Tirer les coins inférieurs du drap vers l'extérieur et les fixer au sol ou à des objets lourds. La tente est prête.

C'EST QUE DU GÉNIE
Cela vous protégera du soleil facilement et rapidement, sans avoir besoin d'un équipement compliqué.

POUR LES ENFANTS

DES PETITS BATEAUX

Des petits bateaux faits maison à regarder flotter dans la mer ou dans des trous d'eau que les enfants auront creusés à la plage.

Coller deux ou trois bouchons de liège ensemble pour former la base du bateau. Fixer un cure-dent au centre avec un petit drapeau en papier. Les poser sur l'eau et les regarder flotter.

TENTE, SARDINES ET GAZINIÈRE !

TOI AUSSI TU ES LA STAR DU CAMPING !

ÉTENDOIR IMPROVISÉ

MATÉRIEL
- 1 paracorde ou 1 corde résistante
- Mousquetons ou épingles à linge (facultatif)

1 Attacher la corde entre deux arbres à une hauteur confortable.

2 Utiliser des mousquetons ou des épingles à linge pour accrocher vos vêtements. Bien répartir le poids pour que la corde ne s'affaisse pas.

C'EST QUE DU GÉNIE
Vous gardez ainsi vos affaires propres et au sec tout en les rendant faciles d'accès. Choisir un endroit ensoleillé !

FABRIQUER UNE LAMPE DE CAMPING

Astuce n° 1

MATÉRIEL
- 1 bidon ou 1 bouteille transparente
- 1 lampe frontale ou 1 lampe de poche

1 Remplir le contenant transparent d'eau.

2 Placer la lampe avec la lumière tournée vers l'intérieur de la bouteille ou sous la bouteille.

Vous obtiendrez ainsi une lumière diffuse pour éclairer tout l'intérieur de ta tente. Et l'éclairage sera doux.

SI VOUS N'AVEZ PAS DE LAMPE, VOUS POUVEZ UTILISER L'OPTION LAMPE DE VOTRE TÉLÉPHONE.

Astuce n° 2

MATÉRIEL
- 1 bocal en verre
- 1 guirlande LED

Mettre la guirlande LED à l'intérieur du bocal en verre pour créer une lampe portable idéale pour vos soirées d'été à l'extérieur.

BALISER LA TENTE LA NUIT

MATÉRIEL
- Bâtons lumineux solaires

Accrocher des bâtons lumineux autour de la tente et sur les branches des arbres proches pour se repérer facilement dans le noir sans lampe frontale.

FABRIQUER UN OREILLER

MATÉRIEL
- 1 sac en plastique
- Vêtements

NE ME REMERCIE PAS
C'EST TOTALEMENT GRATUIT

Remplir le sac en plastique résistant avec des vêtements ou de l'air pour faire un oreiller de fortune.

DORMIR SUR UN MATELAS NON HUMIDE

MATÉRIEL
- 1 bâche

Placer la bâche sous le matelas gonflable pour éviter l'humidité du sol.

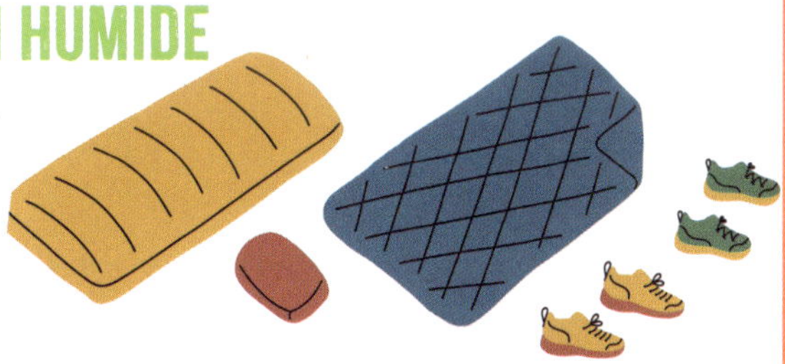

POUR LES ENFANTS

PÊCHE À LA LIGNE

Comme à la fête foraine mais en plus écologique et économique. Attraction réussie à tous les coups. Vous pouvez même organiser des concours entre les petits du camping.

Créer une canne à pêche en fixant à un bâton du fil de fer. Au bout du fil de fer, attacher un aimant. Sur des bouchons de liège, coller des trombones pour faire les « poissons ». Remplir une bassine d'eau et laisser les enfants attraper les poissons.

TENTE, SARDINES ET GAZINIÈRE !

DÉSODORISER LA TENTE

2 € / 0,10 €

MATÉRIEL
- 1 morceau de charbon actif
- 1 sachet en tissu

1. Mettre dans le sachet le charbon actif.
2. Déposer le sachet dans la tente pour absorber les mauvaises odeurs.

RENDRE SA TENTE ÉTANCHE

MATÉRIEL
- 2 bâches imperméables
- Pinces ou cordes

1. Étaler 1 bâche sous la tente pour protéger le sol de l'humidité.
2. Tendre la 2e bâche au-dessus de la tente avec des cordes pour éviter que la pluie ne tombe directement sur la tente. Fixer les cordes au sol.

TU SAVAIS QUE...
CE SYSTÈME PROTÈGE EFFICACEMENT CONTRE LES INFILTRATIONS D'EAU EN CAS DE FORTE PLUIE.

UNE TENTE SANS MOISISSURES

MATÉRIEL
- Morceaux de charbon

Déposer plusieurs morceaux de charbon dans la tente.

POUR LES ENFANTS

JEU DE LANCER DE SACS

Toujours dans l'optique de passer un moment joyeux en famille ou afin d'organiser une animation au camping, cette attraction est idéale.

Remplir des petits sacs en toile avec du sable. Dessiner sur le sol une cible et poser au centre une boîte. Les enfants doivent atteindre la cible en lançant les sacs de sable. Modifier la distance ou la taille de la cible pour augmenter la difficulté au fur et à mesure.

FABRIQUER UN MINIFRIGO ÉCOLO

MATÉRIEL
- 2 pots en terre cuite de tailles différentes.
- Sable
- Eau
- 1 torchon

C'EST QUE DU GÉNIE
L'évaporation de l'eau refroidira naturellement l'intérieur et maintiendra les aliments au frais pendant des heures !

1 Placer le petit pot dans le grand pot.

2 Remplir l'espace entre les deux pots avec du sable humide.

3 Mettre les aliments à l'intérieur du plus petit pot et couvrir d'un torchon humide.

4 Placer le tout à l'ombre et ajouter de l'eau régulièrement dans le sable.

UN BON CAFÉ SANS CAFETIÈRE

PRODUITS & MATÉRIEL
- Café moulu
- Filtres à thé ou des petits sacs à infusion
- Eau chaude

1 Remplir les filtres à thé ou les petits sacs à infusion avec du café moulu.

2 Déposer au fond d'une tasse un petit sachet.

3 Verser de l'eau chaude par-dessus.

Cela permet de préparer des tasses de café sans transporter une cafetière et des capsules.

RÉPULSIF MOUSTIQUES

PRODUITS & MATÉRIEL
- 1 citron (pour 1 « guirlande »)
- Ficelle
- Clous de girofle (facultatif)

C'EST QUE DU GÉNIE
Vous pouvez disposer plusieurs « guirlandes » tout autour de la tente pour 100 % de tranquillité.

1 Découper le citron en rondelles.

2 Faire passer la ficelle par le centre de 4 ou 5 rondelles de citron afin de créer comme une guirlande.

3 Ajouter dans chaque citron 1 clou de girofle si vous en avez.

4 Suspendre non loin de la tente ou là où vous voulez être tranquille.

TENTE, SARDINES ET GAZINIÈRE !

SE PROTÉGER DES MOUSTIQUES LA NUIT

PRODUITS
- Quelques feuilles de basilic

Placer quelques feuilles de basilic dans son sac de camping ou sous son oreiller. Cela aidera à éloigner les moustiques.

ÉLOIGNER LES INSECTES

PRODUITS & MATÉRIEL
- 1 balle de tennis usagée
- Clous de girofle
- Huile essentielle de citronnelle
- Ficelle

1. Prendre la balle de tennis.
2. Faire un petit trou.
3. La remplir de clous de girofle et d'huile essentielle de citronnelle.
4. La suspendre, en enroulant la ficelle tout autour, à l'entrée de la tente ou près du mobil-home pour éloigner les insectes de manière naturelle.

MINIRÉCHAUD DE FORTUNE

MATÉRIEL
- 1 boîte de conserve vide
- 1 tournevis ou 1 clou
- 1 morceau de charbon ou 1 bougie chauffe-plat

1. Percer quelques trous dans le fond de la boîte.
2. Placer un morceau de charbon ou une bougie chauffe-plat à l'intérieur.
3. Poser sur la boîte le plat ou la boisson à chauffer.

C'EST QUE DU GÉNIE
C'est une solution d'urgence pour chauffer un petit plat ou du thé.

POUR LES ENFANTS

SÉANCE PHOTO IMPROVISÉE

Les enfants adorent se déguiser et prendre des photos… comme les grands !

Utiliser un tissu comme fond. Donner aux enfants divers accesoires pour qu'ils puissent se déguiser ou prendre la pose devant le fond. Les plus grands peuvent photographier les plus petits.

DÉMARRER UN FEU

4 à 6 € / 0,20 €

Astuce n° 1

PRODUIT & MATÉRIEL
- Bouchons de liège
- Alcool à brûler

1. Avant de partir pour la journée, tremper les bouchons de liège dans l'alcool. Les déposer dans un bocal fermé.
2. Au retour, enflammer les bouchons.
3. Les poser dans le feu. Ils brûlent longtemps, ce qui est parfait pour démarrer un feu.

TU SAVAIS QUE...
LES POMMES DE PIN SÈCHES SONT UN BON COMBUSTIBLE NATUREL POUR FAIRE CUIRE LES ALIMENTS AU FEU DE CAMP.

Astuce n° 2

PRODUIT & MATÉRIEL
- Boules de coton
- Huile végétale ou vaseline

1. Imbiber les boules de coton avec de l'huile végétale ou de la vaseline.
2. Les conserver dans un bocal hermétique ou un sac en plastique.
3. Pour démarrer le feu, placer 1 boule de coton sous votre bois et allumer.

! Bien respecter la réglementation locale en matière de feu et de sécurité.

DES BOISSONS FRAÎCHES À TOUT MOMENT

PRODUIT & MATÉRIEL
- Serviettes en coton
- Eau
- 1 corde

1. Enrouler vos bouteilles ou canettes dans les serviettes mouillées.
2. Les suspendre avec la corde à un arbre ou dans un endroit aéré à l'ombre.

TU SAVAIS QUE...
LE PROCESSUS D'ÉVAPORATION REFROIDIRA VOS BOISSONS EN 1 HEURE ENVIRON.

C'EST QUE DU GÉNIE
Idéal pour garder des boissons fraîches sans glacière.

TENTE, SARDINES ET GAZINIÈRE !

REPAS VITE FAITS

PRODUITS & MATÉRIEL
- Bâtons de bois (ou piques en métal)
- Aliments variés

C'EST QUE DU GÉNIE
La cuisson est simple et la vaisselle… inexistante !

1. Préparer les brochettes à l'avance (mais pas trop, attention à la conservation) avec des légumes, de la viande ou des fruits.
2. Les emballer dans du papier d'aluminium pour un transport facile.
3. Les faire cuire directement sur le feu pour un repas rapide et convivial.

ENLEVER UNE ÉCHARDE

MATÉRIEL
- Ruban adhésif solide (type sparadrap)

1. Appliquer un morceau de ruban sur l'écharde.
2. Le retirer doucement dans le sens opposé pour extraire l'écharde sans douleur.

MINIGLACIÈRE

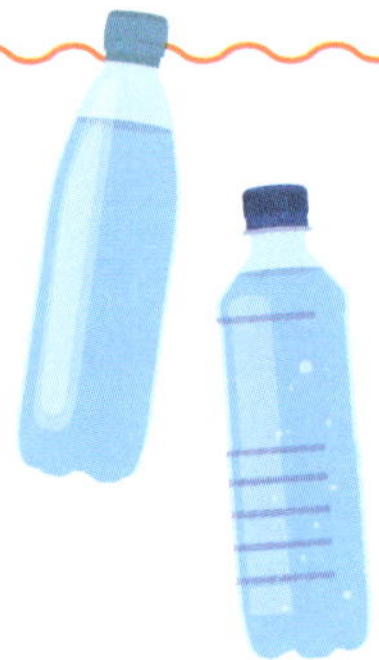

MATÉRIEL
- 1 petite boîte en plastique
- Gel réfrigérant
- 1 torchon

1. Placer un gel réfrigérant enveloppé dans un torchon au fond d'une petite boîte en plastique.
2. Ajouter les snacks ou les boissons. Refermer le couvercle pour garder le tout au frais.

FILTRER L'EAU NON POTABLE

NE ME REMERCIE PAS
C'EST TOTALEMENT GRATUIT

MATÉRIEL
- 1 tee-shirt propre
- Récipients

1. Prendre le tee-shirt propre et le placer dans un réceptacle large.
2. Verser l'eau dedans pour filtrer les débris avant de la faire bouillir.

C'EST QUE DU GÉNIE
Une méthode de purification simple et rapide en cas de besoin.

ORGANISER LES ARTICLES DE CUISINE

MATÉRIEL
- 1 porte-chaussures
- 1 corde

C'EST QUE DU GÉNIE
Attention la nuit venue, des animaux sauvages pourraient être attirés par l'odeur. Protéger ce rangement.

1. Ranger les différents articles de cuisine tels que les ustensiles, serviettes et épices, dans un porte-chaussures. Les compartiments séparés permettent de garder le tout en ordre et bien propre.
2. L'accrocher à l'aide d'une corde à une branche d'arbre.

SÉCHER LES CHAUSSURES

MATÉRIEL
- Papier journal

Déposer dans vos chaussures le soir du papier journal afin que ce dernier, pendant la nuit, absorbe l'humidité.

C'EST QUE DU GÉNIE
Cette astuce de camping sauvera vos pieds de l'humidité, des chaussures froides et de tout rhume ou grippe.

GARDER SON PAPIER TOILETTE PROPRE

MATÉRIEL
- 1 boîte à café vide
- 1 tournevis ou 1 cutter

NE ME REMERCIE PAS C'EST TOTALEMENT GRATUIT

1. Récupérer 1 boîte à café métallique.
2. Y percer une ligne verticale sur la hauteur.
3. Déposer le rouleau de papier toilette au fond de la boîte et faire passer la feuille par la fente que vous avez créée.

POUR LES ENFANTS

CAHIER DE VOYAGE CRÉATIF

À la fin de la journée, un moment calme pour les enfants avant le repas est plutôt le bienvenu. Voici une activité créative qui leur permettra de garder des souvenirs personnalisés de leurs vacances.

Donner un cahier à chaque enfant ainsi que des crayons de couleur et des stickers. Ainsi chaque enfant pourra écrire, dessiner, consigner ses souvenirs de la journée. Ajouter aussi une enveloppe dans laquelle les enfants pourront conserver des tickets ou des petits souvenirs collectés à la plage ou lors des promenades.

1 KILOMÈTRE À PIED, ÇA USE ÇA USE…

TOI AUSSI TU AIMES RANDONNER

UN SAC À DOS POUR UN WEEK-END DE 3 JOURS EN RANDONNÉE

- 1 pantalon solide et confortable
- 1 legging de sport
- 3 tee-shirts respirants
- 1 veste ou 1 gilet en polaire prenant peu de place
- 1 coupe-vent ou 1 imperméable
- 1 paire de chaussures de marche

SAC À DOS IMPERMÉABILISÉ

MATÉRIEL
- 1 sac poubelle épais

Mettre le sac poubelle à l'intérieur du sac à dos.
Il joue le rôle d'une doublure et protège donc les affaires même en cas de forte pluie.

RATIONNER LES REPAS

MATÉRIEL
- Sachets individuels

C'EST QUE DU GÉNIE
Ainsi c'est un gain de place et de poids.

Préparer les repas par ration (petit déjeuner, déjeuner, dîner) dans des sachets individuels.

Vous serez sûr d'emporter juste ce dont vous avez besoin.

POUR LES ENFANTS

FAIRE DES BULLES EN MARCHANT

Vos enfants traînent les pieds et ne partagent pas votre enthousiasme de la randonnée. Avant la randonnée, remplissez un souffleur à bulles d'une préparation maison !

Dans un bol, verser 4 cuillerées à soupe d'eau tiède. Ajouter 1 cuillerée à soupe de liquide vaisselle. Mélanger doucement et surtout ne pas faire mousser la préparation. Ajouter 3 cuillerées à soupe de sucre en poudre. Mélanger pour le dissoudre. Verser la préparation dans un souffleur à bulles. Le tour est joué !

BIEN LACER SES CHAUSSURES POUR ÉVITER LES BOBOS

IL Y A 3 ÉTAPES À RESPECTER.

1 Serrer ou desserrer la partie basse afin que la largeur de l'avant du pied soit maintenue sans être comprimée.

2 Serrer un peu moins au niveau du coup de pied. En effet, trop serrer sur l'artère malléolaire entraînera des fourmillements et causera une sensation de froid aux pieds dûe à une mauvaise irrigation de ces derniers.

3 Serrer la partie haute de la tige sans garder votre pied à 90 ° de votre tibia. Créer un angle léger vers l'avant en avançant votre tibia. Vous serez maintenu sans être trop serré.

TU SAVAIS QUE...
UN MAUVAIS LAÇAGE DE CHAUSSURE ENTRAÎNE DES PIEDS QUI FLOTTENT DANS LA CHAUSSURE, DES AMPOULES, UNE MAUVAISE CIRCULATION DU SANG.

SOULAGER LES PIEDS APRÈS UNE JOURNÉE DE MARCHE

Astuce n° 1

PRODUITS
- Eau
- Quelques gouttes d'huile essentielle de menthe poivrée

1 Dans un spray, mélanger de l'eau et l'huile essentielle.

2 Après une journée de randonnée, asperger ses pieds avec cette préparation pour rafraîchir et apaiser les pieds fatigués.

Astuce n° 2

PRODUITS
- Eau
- Sel

1 Dans une bassine, mélanger du sel et de l'eau.

2 Faire tremper ses pieds dans ce mélange pour les apaiser après une journée de marche.

DÉSOSORISANT POUR CHAUSSURES

PRODUITS
- 2 verres d'eau
- 1 verre de vinaigre de cidre

1 Dans un spray, mélanger l'eau et le vinaigre de cidre.

2 Secouer pour mélanger. C'est prêt. Pulvériser l'intérieur de vos chaussures. Finies les odeurs !

TU SAVAIS QUE...
QUE VOUS TRANSPIRIEZ DES PIEDS OU QUE CES DERNIERS SOIENT SECS, VOUS POUVEZ PULVÉRISER CE MÉLANGE DIRECTEMENT SUR VOS PIEDS. EN EFFET, CE SPRAY A UN EFFET ASSAINISSANT, ANTIBACTÉRIEN ET ANTIFONGIQUE.

1 KILOMÈTRE À PIED, ÇA USE ÇA USE...

BARRE ÉNERGÉTIQUE

INGRÉDIENTS
- 100 g de flocons d'avoine
- 50 g de noix de pécan concassées
- 20 g de raisins secs
- 50 g de beurre de cacahuète
- 2 cuil. à soupe de miel
- 30 g de chocolat noir (facultatif)

1 Dans un bol, mélanger les flocons d'avoine, les noix et les raisins secs.

2 Faire fondre dans une casserole le beurre de cacahuète.

3 Ajouter dans le bol le miel et le beurre de cacahuète fondu. Mélanger à l'aide d'une cuillère jusqu'à obtenir une pâte homogène.

4 Presser le mélange dans un moule rectangulaire.

5 Recouvrir de film alimentaire et laisser reposer au réfrigérateur pendant au moins 1 heure.

6 Découper des barres et les emporter en randonnée pour un snack énergétique.

MINIKIT DE SECOURS PERSONNALISÉ

MATÉRIEL
- 1 tube en plastique vide (de comprimés) ou 1 contenant cylindrique

Remplir le tube vide avec des éléments essentiels : pansements, antiseptique, coton, et une pince à épiler pour enlever les échardes.

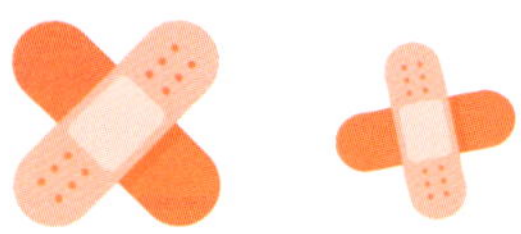

TU SAVAIS QUE...
VOUS POUVEZ AJOUTER QUELQUES GOUTTES D'HUILE ESSENTIELLE DE LAVANDE POUR L'ODEUR ET POUR SES PROPRIÉTÉS ANTISEPTIQUES.

DÉSINFECTANT POUR LES MAINS

PRODUITS
- Alcool à 90 °
- Gel d'aloe vera

1 Mélanger dans un spray l'alcool à 90° (pour 2/3) et le gel d'aloe vera (pour 1/3).

2 Pendant les randonnées, c'est un désinfectant maison très utile et efficace pour les mains.

SAVON POUR TOILETTE RAPIDE

PRODUITS
- 50 g de savon de Marseille râpé
- 1 cuil. à soupe d'huile d'olive
- 1 cuil. à soupe de bicarbonate de soude
- ½ tasse d'eau chaude.

TU SAVAIS QUE... LE SAVON DE MARSEILLE EST DOUX ET BIODÉGRADABLE, DONC PARFAIT POUR L'ENVIRONNEMENT.

1. Mélanger tous les ingrédients dans un petit bol.
2. Transvaser la préparation dans un contenant bien fermé.
3. Frotter une petite quantité sur les mains ou le visage pour un nettoyage rapide en pleine nature.

ANTI-AMPOULES

PRODUIT
- 1 stick de déodorant

Appliquer du déodorant en stick sur les pieds avant de mettre les chaussures de randonnée. Les ampoules n'apparaîtront pas.

PRÉVENIR LES PIQÛRES DE MOUSTIQUE

PRODUITS
- 25 cl d'eau
- 2 cuil. à soupe d'huile de coco
- ½ cuil. à soupe de Maïzena

7 € / 1 €

CONSERVATION
2 semaines au réfrigérateur

À AVOIR TOUJOURS DANS SON SAC À DOS !

1. Dans une casserole, mettre l'eau, l'huile de coco et la Maïzena pour lier le tout.
2. Faire chauffer jusqu'à ce que l'huile de coco ait fondu. Mélanger et laisser refroidir.
3. Transvaser dans un petit spray. Pulvériser sur la peau en prévention avant les promenades.

POUR LES ENFANTS

GUIRLANDES DE FLEURS

Pendant la marche, c'est un moyen d'occuper les enfants et de leur faire oublier la marche. Et le soir, cela crée aussi une occupation.

Laisser les enfants ramasser des fleurs à tige longue et les mettre dans une enveloppe. Le soir, prendre du fil et une aiguille et enfiler les fleurs sur le fil. Alterner les couleurs pour créer une guirlande décorative. La suspendre à l'intérieur ou à l'extérieur de la tente.

AU SOLEIL, À MIDI OU À MINUIT, ON SE PROTÈGE

TOI AUSSI TU AS UNE PEAU ET TU Y TIENS

AUTOBRONZANT

12-15 € / 0,1 €

PRODUITS
- 25 cl d'eau
- 2 cuil. à soupe de thé noir ou 2 sachets de thé noir

CONSERVATION
1 semaine au réfrigérateur

1 Dans une casserole, mettre l'eau et le thé.
2 Faire chauffer jusqu'à ébullition.
3 Laisser infuser quelques minutes. Couper le feu.
4 Laisser refroidir et reposer pendant 3 heures.
5 Filtrer et verser la préparation dans un spray. C'est prêt. Utiliser une fois par jour.

TU SAVAIS QUE...
C'EST LE TANIN CONTENU DANS LE THÉ NOIR QUI COLORE LA PEAU EXPOSÉE AU SOLEIL.

(!) Cet autobronzant n'est pas une crème solaire. Il ne protège pas contre les UV. Faire un test cutané avant emploi.

LAIT HYDRATANT CORPS

> 12 € 20 cl / 0,2 €/50 cl

PRODUITS
- 1 cuil. à soupe de granulés de cire d'abeille
- 10 cl d'huile végétale
- 50 cl d'eau
- 2 cuil. à soupe de gel d'aloe vera

CONSERVATION
1 semaine au réfrigérateur dans un pot fermé

1 Dans un pot résistant à la chaleur, mettre la cire d'abeille et l'huile. Faire chauffer au bain-marie en remuant de temps en temps.
2 Une fois le mélange fondu, laisser légèrement refroidir. Ajouter l'eau et l'aloe vera.
3 Bien mélanger. Le lait pour le corps est prêt.

SOULAGER LES COUPS DE SOLEIL

TU SAVAIS QUE...
L'ALOE VERA APAISE ET HYDRATE.

Astuce n° 1

10 €/ 100 g — 0,5 €/ 30 cl

PRODUITS
- 30 cl d'eau chaude
- 2 cuil. à soupe de bicarbonate alimentaire
- 2 cuil. à soupe d'aloe vera

CONSERVATION
1 semaine au réfrigérateur pour le spray

1. Dans un récipient, mélanger l'eau chaude, le bicarbonate alimentaire et l'aloe vera. Il faut que tous les produits soient bien dissous. Laisser refroidir.
2. Transvaser la moitié du mélange dans un spray. Verser l'autre moitié dans un bac à glaçons à mettre au congélateur.
3. Pulvériser le produit du spray sur le coup de soleil ou appliquer le glaçon sur le coup de soleil pour un soulagement instantané.

Astuce n° 2

10 €/ 100 g — 0,05 €/ 30 cl

PRODUITS
- 30 cl d'eau
- Feuilles de menthe poivrée
- 1 feuille d'essuie-tout

1. Dans une casserole, mettre l'eau et les feuilles de menthe.
2. Faire chauffer doucement et laisser infuser jusqu'à frémissement (comme pour faire un thé). Laisser refroidir.
3. Imprégner un morceau d'essuie-tout de la préparation et frotter doucement le coup de soleil.

Astuce n° 3

10 €/ 100 g — 1 €

PRODUIT
- 1 concombre

1. Mixer ou écraser du concombre.
2. Le mettre au frais pour l'utiliser comme gel apaisant après un coup de soleil.

POUR LES ENFANTS

JEU DE QUILLES MALIN

Vous n'avez pas de quilles et pas de boutique en vue pour acheter un jeu de plage. Pas de panique ! Vous pouvez réaliser vous-même un jeu de quilles. Et les enfants peuvent participer à sa réalisation !

Prendre des petites bouteilles d'eau vides. Les remplir de sable. Bien les fermer. Les quilles sont prêtes. Prendre une balle de tennis. C'est comme au bowling !

CRÈMES APAISANTES

6-15 € / 0,50 €

Astuce nº 1

PRODUITS

- 2 cuil. à soupe de yaourt nature
- ¼ de concombre râpé

1 Mélanger dans un bol le yaourt et le concombre jusqu'à obtenir une texture lisse.

2 Appliquer sur les coups de soleil et laissez poser 15 minutes avant de rincer.

TU SAVAIS QUE...
CES CRÈMES HYDRATENT ET APAISENT LA PEAU ÉCHAUFFÉE PAR LE SOLEIL.

Astuce nº 2

PRODUITS

- 2 cuil. à soupe d'huile d'amande douce
- 5 gouttes d'huile essentielle de lavande

1 Mélanger dans un flacon l'huile d'amande douce et l'huile essentielle de lavande.

2 Appliquer en massage sur les zones sensibles après une journée au soleil.

GOMMAGE DOUCEUR

3 € / 0,02 €

C'EST QUE DU GÉNIE
Cette pâte élimine les peaux mortes en douceur et hydrate profondément.

PRODUITS

- 1 cuil. à soupe de sucre en poudre
- 1 cuil. à soupe d'huile de coco

1 Mélanger dans un bol le sucre et l'huile pour former une pâte granuleuse.

2 Appliquer en mouvements circulaires sur la peau, puis rincer.

POUR LES ENFANTS

CARTES À GRATTER MAISON

Ce jeu ludique et créatif permet des temps calmes et surprend toujours les enfants. Plutôt pour les petits qui découvrent les couleurs. Ce jeu demande juste à être préparé à l'avance par des adultes ou des grands frères ou des grandes sœurs. Deux activités en une !

Découper dans du carton des petits rectangles. Peindre ces rectangles avec des couleurs vives. Recouvrir les couleurs avec un mélange de peinture noire et 1 goutte de liquide vaisselle. Une fois sec, les enfants peuvent gratter la couche noire pour révéler les couleurs.

AU SOLEIL, À MIDI OU À MINUIT, ON SE PROTÈGE

TU SAVAIS QUE...
LES ANTIOXYDANTS DU THÉ VERT AIDENT À CALMER LES ROUGEURS ET RÉPARER LA PEAU.

MASQUE RÉPARATEUR

> 20 € / 0,05 €

PRODUITS
- 5 cl d'eau
- 1 sachet de thé vert
- Coton ou gaze

1. Faire chauffer l'eau dans une casserole.
2. Infuser le thé vert et laisser refroidir.
3. Tremper un coton dans l'infusion et appliquer sur les zones irritées par le soleil.

CALMER LES IRRITATIONS

PRODUITS
- 1 poignée de fleurs de camomille séchées
- 50 cl d'eau

TU SAVAIS QUE...
NATURELLE ET RAFRAÎCHISSANTE, CETTE EAU TONIFIE LA PEAU TOUT EN LA PROTÉGEANT.

1. Faire bouillir l'eau dans une casserole.
2. Faire infuser les fleurs dans l'eau bouillante pendant 15 minutes.
3. Laisser refroidir. Transvaser dans un flacon et utiliser comme tonique pour calmer les irritations.

BAUME CORPS ET LÈVRES

3 € / 0,20 €

PRODUITS
- 6 cuil. à soupe d'huile au choix
- 1 cuil. à soupe de granulés de cire d'abeille

CONSERVATION
À l'abri de la chaleur

1. Dans un pot résistant à la chaleur, mettre l'huile et les granulés de cire d'abeille. Faire chauffer au bain-marie en remuant de temps en temps.
2. Une fois le mélange fondu, mettre dans le contenant de votre choix.
3. Appliquer ce baume sur le corps et les lèvres.

AU SOLEIL, À MIDI OU À MINUIT, ON SE PROTÈGE

BAUME À LÈVRES SPÉCIAL MONTAGNE

3 € / 0,10 €

PRODUITS
- 1 cuil. à café d'huile d'olive
- 1 cuil. à café de miel

1. Dans un pot, mélanger l'huile d'olive et le miel
2. Appliquer une fine couche sur les lèvres.
3. Laisser agir 10minutes, puis essuyer l'excédent. Vos lèvres sont protégées.

TU SAVAIS QUE...
Le miel hydrate et répare, tandis que l'huile d'olive protège du vent et du froid. Idéal en altitude pour les randonnées !.

BAUME RÉPULSIF ANTIMOUSTIQUE

PRODUITS
- 3 cl d'huile végétale (comme l'huile de coco ou d'amande douce)
- 10 gouttes d'huile essentielle de citronnelle
- 10 gouttes d'huile essentielle d'eucalyptus citronné
- 5 gouttes d'huile essentielle de menthe poivrée

CONSERVATION
À l'abri de la lumière et de la chaleur

TU SAVAIS QUE...
LES PRODUITS DE CE BAUME SONT NATURELS DONC EN GÉNÉRAL BIEN TOLÉRÉS PAR LA PEAU.

1. Dans un bol, mélanger l'huile végétale avec les huiles essentielles.
2. Appliquer une petite quantité sur les zones exposées de la peau, en évitant le visage et les muqueuses.
3. Répéter l'application toutes les 2-3 heures pour une protection continue.

Effectuer un test de tolérance cutanée. Éviter l'utilisation chez les femmes enceintes et les enfants de moins de 6 mois sans avis médical.

POUR LES ENFANTS

PÂTE À MODELER MAISON

Une pâte à modeler économique et surtout écologique à utiliser sans modération.

Mélanger dans une casserole 2 tasses de farine, 1 tasse de sel et 1 tasse d'eau. Faire chauffer jusqu'à ce que la pâte épaississe. Ajouter du colorant alimentaire pour créer de la pâte colorée. Laisser refroidir. Bien malaxer. C'est prêt.

PRODUITS ANTIDÉMANGEAISON

C'EST QUE DU GÉNIE
Naturel et efficace, ce gel combine hydratation et apaisement.

Astuce n° 1

PRODUITS
- 2 cuil. à soupe de vinaigre de cidre
- 10 cl d'eau
- Coton ou tissu propre

1. Mélanger dans un bol le vinaigre de cidre avec l'eau froide.
2. Tremper du coton ou le tissu dans la solution.
3. Appliquer sur la piqûre pendant 5 minutes.

TU SAVAIS QUE...
LES PROPRIÉTÉS ANTI-INFLAMMATOIRES DU VINAIGRE DE CIDRE APAISENT INSTANTANÉMENT LES DÉMANGEAISONS.

Astuce n° 3

PRODUITS
- 25 cl d'eau
- 1 cuil. à soupe de bicarbonate de soude
- 5 gouttes d'huile essentielle de menthe poivrée

1. Mélanger tous les ingrédients dans un spray.
2. Agiter avant utilisation et appliquer sur la peau irritée.

TU SAVAIS QUE...
RAFRAÎCHISSANT ET CALMANT, IDÉAL POUR LES PIQÛRES ET IRRITATIONS LÉGÈRES.

Astuce n° 2

PRODUITS
- 2 cuil. à soupe d'aloe vera (frais ou en gel)
- 1 cuil. à café de miel

1. Dans un petit contenant, mélanger l'aloe vera et le miel pour créer un gel homogène.
2. Appliquer directement sur la piqûre pour soulager et hydrater la peau.

Astuce n° 4

PRODUITS
- 1 cuil. à soupe de farine d'avoine
- 10 cl d'eau tiède
- Coton

1. Mélanger dans un bol la farine d'avoine et l'eau pour obtenir une pâte liquide.
2. Appliquer avec un coton sur la zone affectée, laisser poser 10 minutes, puis rincer.

C'EST QUE DU GÉNIE
Ce mélange calme les démangeaisons et hydrate les peaux sèches ou irritées.

Astuce n° 5

PRODUIT
- 1 morceau de peau de banane

Frotter la piqûre d'insecte avec l'intérieur de la peau de la banane.

HEUREUX QUI COMME TOI A FAIT UN BEAU JARDIN !

CHEZ TOI AUSSI, L'HERBE EST VERTE

FABRIQUER UN OYA

> 20 € | 2 €

MATÉRIEL
- 1 pot en terre cuite
- 1 bouchon de liège
- 1 coupelle

1 Boucher le trou du pot avec un bouchon de liège afin d'en assurer l'étanchéité. L'oya est prêt.

2 Enterrer le pot dans la terre. Le remplir d'eau et le recouvrir avec une coupelle afin que l'eau ne s'évapore pas. L'eau va se diffuser dans la terre à travers la terre cuite, par capillarité.

GOUTTE-À-GOUTTE POUR L'ARROSAGE

> 30 € | 0,01 €

MATÉRIEL
- 1 bouteille en plastique avec bouchon
- 1 Coton-Tige
- 1 bout de bois
- Scotch

1 Avec un couteau, faire un trou au centre du bouchon de la bouteille.

2 Couper en deux le Coton-Tige et le rentrer dans le trou en laissant dépasser à l'extérieur le coton.

3 Scotcher le bout de bois le long de la bouteille et le planter dans la terre, bouchon vers le bas.

4 Remplir la bouteille d'eau. Cette dernière va s'écouler goutte-à-goutte par le coton.

GEL D'ARROSAGE

> 30 € | 0,01 €

PRODUITS
- 50 cl d'eau
- 1 sachet d'agar-agar

TU SAVAIS QUE...
L'AGAR-AGAR EST UN PRODUIT GÉLIFIANT 100 % NATUREL.

1 Dans une casserole, mettre l'eau et l'agar-agar. Faire chauffer et remuer de temps en temps.

2 Porter à ébullition, laisser bouillir 15 secondes puis couper le feu.

3 Transvaser dans un bac à glaçons ou dans un Tupperware. Laisser refroidir puis mettre 4 heures au réfrigérateur.

4 Démouler les blocs. Les déposer au pied de vos plantes.

RÉCUPÉRER L'EAU DE PLUIE

NE ME REMERCIE PAS C'EST TOTALEMENT GRATUIT

MATÉRIEL
- 1 récipient ou 1 baril
- 1 gouttière

1. Installez un baril ou un grand récipient sous la gouttière de votre toit pour récolter l'eau de pluie.
2. Utiliser cette eau pour arroser vos plantes et votre potager.

C'EST QUE DU GÉNIE
Une solution écologique pour économiser l'eau et nourrir vos plantes.

ABREUVOIR POUR OISEAUX

NE ME REMERCIE PAS C'EST TOTALEMENT GRATUIT

MATÉRIEL
- 1 assiette ou 1 coupelle de pot de fleurs
- Cailloux

1. Verser dans l'assiette des cailloux récupérés lors de promenades.
2. Remplir avec de l'eau l'assiette ou la coupelle à hauteur des cailloux.
3. Poser l'assiette à l'endroit de votre choix, de préférence où les chats ne peuvent pas aller. Les cailloux sont là pour que les oiseaux et surtout les insectes ne se noient pas.

ENGRAIS NATUREL

TU SAVAIS QUE...
RICHE EN POTASSIUM, CET ENGRAIS NATUREL BOOSTE LA CROISSANCE DES PLANTES.

PRODUITS
- Peaux de banane
- Eau

1. Couper des peaux de banane en morceaux et les faire tremper dans de l'eau dans le contenant de votre choix pendant 2 jours.
2. Transvaser l'eau dans un arrosoir et arroser vos plantes.

POUR LES ENFANTS

PETITE PISCINE À BALLES

Pendant que vous jardinez, vos enfants s'amusent en toute sécurité.

Remplir un grand bac en plastique ou un très grand carton avec de petites balles colorées pour créer une piscine à balles à la maison. Les enfants n'ont plus qu'à plonger dedans.

HEUREUX QUI COMME TOI A FAIT UN BEAU JARDIN !

FAIRE DU COMPOST

NE ME REMERCIE PAS C'EST TOTALEMENT GRATUIT

PRODUITS & MATÉRIEL
- 1 boîte d'œufs en carton
- Déchets alimentaires

1. Déposer des déchets organiques (épluchures de légumes, marc de café…) dans la boîte d'œufs vide.
2. Placer la boîte dans votre composteur ou dans le jardin.

C'EST QUE DU GÉNIE
Un excellent moyen de recycler et de nourrir votre compost.

C'EST QUE DU GÉNIE
Cela recycle vos déchets de café. 100 % écologique !

NE ME REMERCIE PAS C'EST TOTALEMENT GRATUIT

RÉPULSIF POUR LIMACES

PRODUIT
- Marc de café séché

1. Répartir du marc de café autour des plantes sensibles.
2. Renouveler après chaque épisode pluvieux.

PAILLAGE

MATÉRIEL
- Feuilles mortes
- Outils de jardinage

NE ME REMERCIE PAS C'EST TOTALEMENT GRATUIT

1. Avec vos outils, ramasser les feuilles mortes de votre jardin ou de votre voisinage.
2. Les étaler autour de vos plantes comme paillage pour garder l'humidité et empêcher la croissance des mauvaises herbes.

TU SAVAIS QUE…
CETTE ASTUCE RÉDUIT L'UTILISATION DE PRODUITS CHIMIQUES ET AMÉLIORE LA SANTÉ DU SOL.

NETTOYANT SOL EXTÉRIEUR EN BOIS OU BÉTON

PRODUITS
- 1 l d'eau tiède
- 1 cuil. à soupe de bicarbonate de soude
- 1 cuil. à soupe d'acide citrique

CONSERVATION
Environ 2 semaines

1 Dans un récipient, mettre l'eau tiède. Ajouter le bicarbonate de soude, puis l'acide citrique. Bien mélanger. Le produit est prêt.

2 Verser le produit sur la zone à nettoyer. Laisser agir. Bien frotter à l'aide d'une brosse. Rincer.

NETTOYANT MOBILIER DE JARDIN EN PLASTIQUE

PRODUITS
- 50 cl d'eau chaude
- 1 cuil. à soupe de bicarbonate de soude
- 1 savon de fiel de bœuf

1 Dans un récipient, mettre l'eau chaude, le bicarbonate et le savon. Bien mélanger afin de dissoudre le savon. Puis le retirer.

2 Mettre le produit dans un spray. Asperger la partie à nettoyer. Laisser agir quelques secondes. Frotter avec une éponge. Essuyer avec un chiffon microfibre.

OMBRAGER LES PLANTATIONS

MATÉRIEL
- 4 piquets en bois
- Agrafes
- Vieux draps

1 Définir les zones les plus exposées aux rayons du soleil. Y planter de façon assez espacée les 4 piquets en bois de façon à former comme un rectangle.

2 Y suspendre à l'aide d'agrafes de vieux draps afin de faire une protection en tissu pour vos plantations. Un tel voile permet de bloquer environ 50 % de la lumière du soleil.

TU SAVAIS QUE...
CRÉER DES ZONES D'OMBRE EST UN MOYEN TRÈS EFFICACE POUR ÉPARGNER VOS PLANTATIONS ET LES PROTÉGER DES PLUS FORTES CHALEURS.

POUR LES ENFANTS

JEU DE MEMORY

Tout à vos travaux de jardinage, vos enfants pourront jouer dehors en toute sécurité autour de la table du jardin ou assis dans l'herbe. À préparer à l'avance !

Dans du carton épais, découper des cartes de la même taille. Dessiner ou coller des images en double sur chaque carte (animaux, objets, formes...). Mélanger les cartes et les retourner pour commencer à jouer.

SUR LA ROUTE, OUI, IL Y A DE L'AVENTURE !

TOI AUSSI TA VOITURE ELLE ROULE

POUR VOYAGER TRANQUILLE

MATÉRIEL
- Pochette zippée
- Lingettes
- Mouchoirs
- Crème hydratante
- Bouchons d'oreilles

Mettre dans une pochette zippée tous les essentiels pour un trajet confortable : lingettes pour les mains, mouchoirs, crème hydratante, bouchons d'oreilles pour les trajets bruyants. Placer cette pochette dans un sac facilement accessible.

COUSSINS DE VOYAGE

NE ME REMERCIE PAS C'EST TOTALEMENT GRATUIT

MATÉRIEL
- Tissu doux
- Rembourrage (ouate ou vieux vêtements).

1. Découper 2 morceaux de tissu en forme de U.
2. Coudre les bords en laissant un côté ouvert.
3. Remplir avec du rembourrage, puis refermer en cousant.

TU SAVAIS QUE...
CE COUSSIN AIDE LES PASSAGERS À MIEUX DORMIR PENDANT LES TRAJETS.

NETTOYANT ET DÉMOUSTIQUANT PARE-BRISE

8-10 € /75 cl — 0,30 € /50 cl

PRODUITS
- 50 cl d'eau
- 1 verre de vinaigre blanc
- 1 cuil. à soupe de jus de citron
- 2 cuil. à soupe de gel douche ou de lessive

1. Dans un récipient, verser l'eau. Ajouter le vinaigre blanc, le jus de citron et le gel douche ou la lessive.
2. Bien mélanger et mettre la préparation dans un spray.
3. Pulvériser le produit sur le pare-brise. Avec un premier chiffon microfibre, nettoyer. Puis lustrer le pare-brise avec un chiffon microfibre sec.

C'EST QUE DU GÉNIE
Ce produit est hydrophobe et va enrober la saleté. Il fonctionne aussi pour les vitres et les visières des casques de motos.

LAVE-GLACE ÉTÉ

2-3 € /2 l — 0,10 € /2 l

PRODUITS
- 2 l d'eau
- 2 cuil. à soupe de jus de citron
- 2 cuil. à soupe de gel douche ou de lessive
- 1 verre de vinaigre blanc à 10 % maximum

1. Dans une bouteille en plastique, verser l'eau. Ajouter le jus de citron, le gel douche ou la lessive puis le vinaigre blanc.
2. Bien secouer. Verser la préparation dans le réservoir du lave-glace de la voiture.

GOMMES NATURELLES CONTRE LE MAL DES TRANSPORTS

INGRÉDIENTS (POUR 15 GOMMES ENVIRON)
- 50 g de gingembre frais
- 20 cl d'eau
- 100 g de miel

CONSERVATION
1 semaine au réfrigérateur dans une boîte hermétique

1. Éplucher le gingembre et le couper en fines tranches ou le râper pour maximiser l'extraction des saveurs.
2. Mettre le gingembre dans une casserole avec l'eau. Faire chauffer à feu doux et laisser infuser pendant 15 minutes.
3. Filtrer la préparation à l'aide d'un tamis ou d'un filtre fin pour retirer les morceaux de gingembre.
4. Remettre la décoction filtrée dans la casserole. Ajouter le miel et bien mélanger.
5. Faire chauffer à feu doux, en remuant régulièrement, jusqu'à ce que le mélange épaississe légèrement environ 10-15 minutes.
6. Verser le mélange chaud dans des petits moules en silicone (idéalement en forme de bonbons ou de petits cercles).
7. Laisser refroidir à température ambiante, puis placer au réfrigérateur pendant 1 heure pour que les gommes durcissent. Démouler.

⚠ **Consommer 2 à 3 gommes par jour.**

BRACELET ANTI-MAL DES TRANSPORTS

MATÉRIEL
- 1 élastique large
- 1 bille en plastique

1. Enfiler une bille en plastique sur un élastique large pour créer un point de pression.
2. Placer le bracelet autour du poignet, avec la bille positionnée sur le point de pression appelé « point P6 », situé environ trois doigts en dessous du pli du poignet.

C'EST QUE DU GÉNIE
Cela aide à réduire la nausée.

POUR LES ENFANTS

BINGO ROUTIER

Jeu éducatif, amusant et qui occupe les enfants pendant une partie du trajet. À préparer à l'avance et selon la destination !

Avant le départ, sur des feuilles de papier, dessiner une grille et remplir chaque case avec des éléments à repérer (panneaux, animaux, couleurs des voitures…). Donner 1 grille à chaque enfant. Le premier à entourer tous les éléments de la grille a gagné.

AÏE ! ÇA PIQUE ET ÇA DÉMANGE...

TOI AUSSI LES MOUSTIQUES ILS T'AIMENT !

10 € / 0,50 €

ANTIMOUCHERONS

TU SAVAIS QUE...
LES MOUCHERONS VONT ÊTRE ATTIRÉS PAR LE CIDRE ET PIÉGÉS PAR LE LIQUIDE VAISSELLE.

Astuce n° 1 • Le piège

PRODUITS
- 5 à 7 cl de vinaigre de cidre
- 2 à 3 cuil. à soupe de liquide vaisselle

CONSERVATION
24 heures

1 Dans un verre, mélanger le vinaigre et le liquide vaisselle.

2 Placer ce verre à l'endroit de votre choix là où se trouvent les moucherons (souvent à côté des fruits).

Astuce n° 2 • Le spray

10 € / 0,10 €

TU SAVAIS QUE...
CE SPRAY PEUT ÊTRE AUSSI UTILISÉ POUR NETTOYER LA CUISINE.

PRODUITS
- 1 fond de savon noir
- 1 cuil. à soupe de bicarbonate de soude
- Eau tiède

CONSERVATION
Environ 3 semaines

1 Mettre dans un spray le savon noir, le bicarbonate de soude et de l'eau tiède (l'eau tiède permet de bien diluer les produits).

2 Secouer bien et pulvériser la terre de vos plantes.

Astuce n° 3 • Le bouchon

10 € / gratuit

PRODUIT
- 1 bouchon en liège

1 Couper le bouchon en deux.

2 Déposer les deux moitiés dans la corbeille de fruits. Cela protégera les fruits des moucherons.

Astuce n° 4 • L'essuie-tout

10 € / 0,05 €

PRODUITS
- 1 feuille d'essuie-tout
- 1 fond de savon noir

1 Plier en deux la feuille d'essuie-tout.

2 Dans un spray, mettre un fond de savon noir avec de l'eau. Pulvériser l'essuie-tout de ce mélange. Déposer l'essuie-tout dans la corbeille de fruits.

SPRAY ANTI-INSECTES

PRODUITS
- 25 cl d'eau
- 1 cuil. à soupe de poivre moulu
- 1 cuil. à soupe de liquide vaisselle
- 1 gousse d'ail épluchée et coupée en deux

10 € / 0,05 €

CONSERVATION
Au réfrigérateur

1 Dans une casserole, mettre tous les ingrédients et laisser infuser 15 minutes. Mélanger. Remuer. Laisser refroidir.

2 Mettre le liquide dans un spray, avec ou sans la gousse d'ail. Pulvériser le tour des fenêtres et des portes.

BOUGIE ANTIMOUSTIQUES

PRODUITS
- Eau
- 3 tranches de citron jaune
- 2 tranches de citron vert
- 3-4 clous de girofle
- 1 cuil. à soupe de romarin
- 1 bougie flottante

10 € / 0,05 €

TU SAVAIS QUE...
LES MOUSTIQUES N'AIMENT PAS LE CITRONELLAL CONTENU DANS LE CITRON, AINSI QUE L'EUGÉNOL QUE L'ON TROUVE DANS LE CLOU DE GIROFLE.

1 Remplir un bocal d'eau (par exemple un gros pot de cornichons).
Y mettre les tranches de citron et ajouter les clous de girofle et le romarin.

2 Mélanger et déposer sur l'eau une bougie. Une fois allumée, cela va diffuser les odeurs que les moustiques détestent.

POUR LES ENFANTS

PEINTURE COMESTIBLE (POUR 3 PORTIONS DE PEINTURE)

Sans danger si la peinture est accidentellement ingérée.
Conservée dans des petits pots hermétiques au réfrigérateur, elle reste utilisable de 3 à 4 jours.

Dans une petite casserole, mélanger 50 g de sucre en poudre avec 10 cl d'eau. Faire chauffer à feu doux tout en remuant jusqu'à ce que le sucre soit complètement dissous.
Retirer la casserole du feu et laisser le mélange refroidir à température ambiante.
Répartir le mélange sucré dans 3 petits récipients ou bols. Ajouter 2 à 3 gouttes de colorant alimentaire dans chaque récipient pour obtenir des couleurs différentes. Bien mélanger pour que la couleur soit uniforme.
Donner des pinceaux adaptés aux enfants et des feuilles de papier épais (type papier Canson). Laisser les enfants peindre librement.

AÏE ! ÇA PIQUE ET ÇA DÉMANGE...

SPRAY ANTIMOUCHES

PRODUITS
- 30 cl d'eau
- Feuilles de menthe poivrée

CONSERVATION
Environ 2 semaines

1. Dans une casserole, mettre l'eau et les feuilles de menthe. Faire chauffer pour infuser (comme pour un thé). À frémissement, laisser encore quelques instants sur le feu puis le couper.
2. Mélanger et laisser refroidir. Ôter les feuilles de menthe. Transvaser dans un spray.
3. Pulvériser dans votre intérieur de temps en temps.

NE ME REMERCIE PAS C'EST TOTALEMENT GRATUIT

RÉPULSIF POUR MOUCHES

> 5 € | 0,10 €

PRODUITS
- 30 cl d'eau
- 5 clous de girofle
- 20 cl de vinaigre blanc
- 1 cuil. à soupe de liquide vaisselle

CONSERVATION
À renouveler régulièrement durant l'été

1. Dans une casserole, mettre l'eau et les clous de girofle. À ébullition, couper le feu et laisser refroidir.
2. Ajouter le vinaigre blanc et le liquide vaisselle. Bien mélanger. Transvaser dans un spray avec les clous de girofle.
3. Pulvériser le produit sur les vitres, à l'intérieur et à l'extérieur.

PIÈGE À MOUCHES

2 € | 0,20 €

PRODUITS & MATÉRIEL
- 25 cl de lait
- 1 cuil. à soupe de sucre en poudre
- 1 cuil. à soupe de poivre
- 1 bouteille en plastique

C'EST QUE DU GÉNIE
Les mouches sont attirées par l'odeur du lait et du poivre et une fois dans la bouteille, elles ne peuvent plus ressortir.

1. Dans une casserole, mettre le lait, le sucre et le poivre. Porter à ébullition tout en mélangeant. Couper le feu et laisser refroidir.
2. Couper aux trois quarts dans la largeur la bouteille en plastique. Verser le mélange dans la bouteille. Poser dans la première moitié de bouteille l'autre moitié, goulot vers le bas.
3. Déposer à l'endroit de votre choix. Les mouches vont être attirées par ce mélange.

POUR LES ENFANTS

BRACELETS EN PERLES

Une activité qui favorise la concentration et la créativité.

Acheter des perles de tailles et de couleurs variées et des élastiques. Couper les élastiques. Laisser les enfants enfiler des perles sur un élastique pour créer des bracelets colorés. Faire un nœud à la fin.

DIFFUSEURS ANTIMOUSTIQUES ET ANTIMOUCHES

Astuce n° 1

PRODUITS & MATÉRIEL
- 1 gousse d'ail
- 30 cl d'eau
- ½ citron
- 1 chiffon microfibre

6 € / 0,05 €

CONSERVATION
Environ 2 semaines

TU SAVAIS QUE...
POUR L'ÊTRE HUMAIN, L'ODEUR DU CITRON PREND LE DESSUS SUR CELLE DE L'AIL. ON NE LE SENTIRA DONC PAS. EN REVANCHE, LES MOUCHES ET LES MOUSTIQUES VONT SENTIR L'AIL ET VONT FUIR.

1. Éplucher la gousse d'ail. Dans une casserole, mettre l'eau. Ajouter le ½ citron et la gousse d'ail. Faire chauffer.
2. À ébullition, laisser infuser 10 minutes. Éteindre le feu et laisser refroidir.
3. Plonger le chiffon microfibre dans le mélange. L'essorer légèrement.
4. Mettre le chiffon dans une assiette ou dans un bol. Poser à l'endroit de son choix.

Astuce n° 2

PRODUITS & MATÉRIEL
- 1 orange
- Clous de girofle
- 1 cure-dents

1. Faire à l'aide d'un cure-dents quelques trous dans la peau de l'orange.
2. Dans les trous, piquer des clous de girofle. Poser l'orange cloutée sur une table pour faire fuir les mouches et les moustiques.

BANDELETTES ANTIMOUCHES

2 € / 0,05 €

PRODUITS & MATÉRIEL
- 1 feuille de papier A4
- 3 cuil. à soupe de sucre en poudre
- 2 cuil. à soupe d'eau
- 1 cure-dents
- De la ficelle

1. Découper dans la longueur de la feuille de papier des bandelettes de 5 cm de large.
2. Dans une casserole, verser le sucre, ajouter l'eau et faire chauffer.
3. À frémissement, retirer la casserole du feu. À l'aide d'une cuillère, étaler le mélange sur la bandelette de papier.
4. Avec le cure-dents, faire un trou en haut de la bandelette. Passer la ficelle afin de pouvoir accrocher la bandelette de papier à l'endroit souhaité.

PIÈGE À MOUSTIQUES

PRODUITS & MATÉRIEL
- 20 cl d'eau
- 5 cuil. à soupe de sucre en poudre
- 1 cuil. à soupe de levure chimique
- 1 bouteille en plastique

CONSERVATION
1 mois

11 € / 0,30 €

TU SAVAIS QUE...
LA LEVURE BOULANGÈRE VA FERMENTER ET DÉGAGER DU CO_2 QUI VA ATTIRER LES MOUSTIQUES.

1 Verser l'eau et le sucre dans une casserole. Faire chauffer jusqu'à ce que le sucre soit dissous. Laisser refroidir.

2 Couper en deux, dans la largeur, la bouteille. Verser le mélange froid dans la demi-bouteille. Ajouter la levure. Surtout, ne pas mélanger. Déposer l'autre demi-bouteille goulot vers le bas dans la première.

3 Déposer le piège dans votre jardin ou à l'intérieur de votre habitat.

DIFFUSEUR ANTIGUÊPES

PRODUITS & MATÉRIEL
- 1 rouleau de papier toilette
- 1 boîte de conserve vide
- 15 cl d'huile usagée ou huile de friture
- 3 cuil. à soupe de café moulu

C'EST QUE DU GÉNIE
S'il y a du vent, le diffuseur ne s'éteindra pas. Attention, la boîte devient très chaude, donc ne pas la poser sur une surface qui craint la chaleur.

1 Retirer le carton du papier toilette. Placer le rouleau de papier toilette dans la boîte de conserve.

2 Verser l'huile dans un verre, ajouter le café. Mélanger.

3 Former une mèche avec le papier toilette, verser l'huile sur le rouleau de papier toilette afin qu'il s'imbibe bien. Toute l'huile va être pompée par le papier.

4 Allumer la mèche. Le diffuseur est prêt. Pour l'éteindre, souffler dessus.

15 € / environ 1 €

POUR LES ENFANTS

PEINTURE AVEC DES BULLES

Ludique, économique et permet de développer l'imagination des enfants.

Mélanger sur une feuille de papier de la peinture, de l'eau et un peu de savon. Laisser les enfants souffler sur le mélange à l'aide d'une paille. Cela crée des bulles qui éclatent sur le papier et par conséquent forment des motifs.

AÏE ! ÇA PIQUE ET ÇA DÉMANGE...

RÉPULSIF POUR GUÊPES

NE ME REMERCIE PAS C'EST TOTALEMENT GRATUIT

PRODUIT
Marc de café

1. Faire sécher le marc de café.
2. Le déposer dans une assiette résistant à la chaleur.
3. Avec un briquet, allumer le marc. La fumée qui s'en dégage repousse les guêpes.

PIÈGE À FRELONS

C'EST QUE DU GÉNIE
Ce piège est redoutable et permet de recycler les bouteilles en plastique !

PRODUITS & MATÉRIEL
- 2 bouteilles en plastique
- Ficelle
- Bière ou alcool
- Sirop

> 5 € | 0,10 €

1. Découper aux trois quarts dans le sens de la largeur une bouteille. Sur la partie de la bouteille avec le fond (la plus grande), faire deux trous sur la partie haute de chaque côté.
2. Avec la ficelle, faire un nœud au niveau de chaque trou et donc créer une anse afin de pouvoir suspendre la bouteille.
3. Coucher la deuxième bouteille et poser l'autre partie de la bouteille découpée (goulot vers le haut) sur la partie haute de la bouteille couchée. Avec un stylo, tracer son contour.
4. Découper le cercle dessiné sur la bouteille entière. Découper les deux extrémités de cette bouteille. Il vous reste donc comme un tube avec un trou au milieu.
5. Emboîter dans le trou la partie avec le goulot de la première bouteille. Le goulot va faire comme un entonnoir. Mettre cette « construction » dans la bouteille avec l'anse, le goulot dans la bouteille.
6. Au fond de la bouteille avec l'anse, mettre du sirop avec de la bière ou de l'alcool. Le piège est prêt à être suspendu.

! En cas de nids, faire appel à un professionnel.

AÏE ! ÇA PIQUE ET ÇA DÉMANGE...

GEL RÉPULSIF POUR FOURMIS

PRODUITS
- 50 cl d'eau
- 3 cuil. à soupe de cannelle
- 1 ½ cuil. à soupe de Maïzena

CONSERVATION
2 semaines

1. Dans une casserole, mettre l'eau, la cannelle et la Maïzena. Faire chauffer et bien mélanger.
2. Une fois que le mélange a bien épaissi, couper le feu et laisser refroidir.
3. Transvaser dans un ancien flacon de liquide vaisselle.
4. Déposer du gel sur le passage des fourmis.

ANTIFOURMIS

NE ME REMERCIE PAS C'EST TOTALEMENT GRATUIT

Astuce n° 1

PRODUIT
- Feuilles de menthe

Disposer des feuilles de menthe fraîches à l'endroit du passage des fourmis. L'odeur dégagée par la menthe fait fuir les fourmis.

Astuce n° 2

PRODUIT
- 1 morceau de concombre

1. Couper des tranches de concombre.
2. Disposer les tranches près des zones infestées par les fourmis.
3. Remplacer les tranches tous les 2 jours.

Astuce n° 3

PRODUITS
- 30 cl d'eau
- Feuilles de menthe poivrée

CONSERVATION
1 semaine

1. Dans une casserole, mettre l'eau et les feuilles de menthe. Faire chauffer pour infuser (comme pour un thé). À frémissement, laisser encore quelques instants, puis couper le feu.
2. Bien mélanger et laisser refroidir. Ôter les feuilles de menthe.
3. Déposer les feuilles de menthe aux endroits où passent les fourmis et mettre l'eau filtrée dans un spray. Vaporiser là où vous avez vu des fourmis.

SPRAY ANTIFOURMIS

PRODUITS
- 1 verre d'eau
- 1 verre de vinaigre blanc

CONSERVATION
2 semaines

5 € /25 cl — 0,03 € / 25 cl

TU SAVAIS QUE...
CE PRODUIT EST ENCORE PLUS EFFICACE EN Y AJOUTANT 1 CUILLERÉE À SOUPE DE CANNELLE.

1. Dans un récipient, verser l'eau puis le vinaigre blanc.
2. Bien mélanger et transvaser dans un spray.
3. Pulvériser sur les bords des fenêtres, de la porte d'entrée ou sur le passage des fourmis.

RÉPULSIFS POUR TAONS

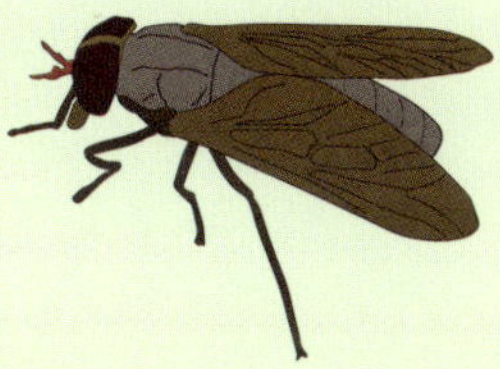

Astuce n° 1

PRODUIT
- Huile essentielle de citronnelle

S'asperger les bras et les jambes avec de l'huile essentielle de citronnelle. Sa forte odeur citronnée masque les autres odeurs corporelles qui pourraient attirer les taons.

Astuce n° 2

PRODUITS
- 30 gouttes d'huile essentielle de géranium rosat
- 30 gouttes d'huile essentielle de citronnelle de Java
- 7 ml d'huile essentielle de macadamia.

6 €/ 25 cl — 2 €/ 25 cl

1. Mélanger dans un spray les trois huiles essentielles.
2. Appliquer quelques gouttes sur les zones du corps découvertes comme les bras, la nuque, le décolleté ou les mollets avant de sortir en extérieur.

POUR LES ENFANTS

PARCOURS D'OBSTACLES

Un moyen amusant de bouger à l'intérieur de la maison par mauvais temps.

Créer un parcours d'obstacles dans le salon avec des coussins à sauter, des chaises pour se faufiler dessous et une corde à franchir.

CRUELLE CANICULE ! C'EST LA LUTTE !

TOI AUSSI, TU RÊVES DU PÔLE NORD

AMÉNAGER UN COIN FRAIS POUR LES ANIMAUX ET LES RAFRAÎCHIR

PRODUIT & MATÉRIEL
- 1 bassine
- Eau fraîche
- Serviette humide

NE ME REMERCIE PAS
C'EST TOTALEMENT GRATUIT

1 Remplir la bassine d'eau fraîche. La placer dans un coin ombragé pour que les animaux puissent boire facilement.

2 Humidifier une serviette propre avec de l'eau froide et la poser sur leur dos pour les aider à se rafraîchir.

REFROIDIR UNE PIÈCE

PRODUIT & MATÉRIEL
- Voilages
- Eau
- 1 bassine

1 Décrocher les voilages et les tremper dans une bassine d'eau froide.

2 Les essorer pour qu'ils soient humides mais pas dégoulinants.

3 Les remettre à leur place. L'air qui passe à travers les rideaux rafraîchira la pièce.

SERVIETTES RAFRAÎCHISSANTES

PRODUIT & MATÉRIEL
- 1 serviette en microfibre
- Eau froide
- 1 sac plastique

1 Imbiber la serviette en microfibre d'eau froide.

2 L'essorer légèrement pour éviter qu'elle ne goutte.

3 La placer dans un sac plastique hermétique et la mettre au réfrigérateur pendant 30 minutes.

4 L'appliquer sur le front ou le cou pour un effet rafraîchissant durable.

VENTILATEUR TRÈS RAFRAÎCHISSANT

C'EST QUE DU GÉNIE
L'air soufflé par le ventilateur sera refroidi par l'eau glacée.

PRODUITS & MATÉRIEL
- 1 seau
- Eau froide
- Glaçons
- 1 ventilateur

1 Remplir le seau d'eau froide et ajouter des glaçons.

2 Placer le seau devant le ventilateur en marche.

REFROIDIR LE SOL

PRODUIT & MATÉRIEL
- 1 serpillière
- Eau froide

NE ME REMERCIE PAS C'EST TOTALEMENT GRATUIT

1 Tremper la serpillière dans de l'eau froide et l'essorer légèrement.

2 Passer la serpillière sur le sol carrelé ou en pierre. Cela fera baisser la température de la pièce temporairement.

BRUME RAFRAÎCHISSANTE

PRODUITS & MATÉRIEL
- 1 pulvérisateur
- Eau froide
- Feuilles de menthe

NE ME REMERCIE PAS C'EST TOTALEMENT GRATUIT

1 Remplir le pulvérisateur d'eau froide et ajouter quelques feuilles de menthe pour un parfum agréable.

2 Vaporiser légèrement sur le visage, les bras ou les jambes pour un effet rafraîchissant immédiat.

POUR LES ENFANTS

PISCINE IMPROVISÉE

Par temps de canicule, cette piscine est idéale car les enfants s'aspergent en jouant.

Remplir une grande bassine d'eau dans le jardin. Ajouter des jouets de bain pour que les enfants puissent jouer et se rafraîchir en même temps. Ne pas oublier de changer l'eau régulièrement. Et gardez un œil sur les enfants !

DU FRAIS, DU FRAIS ET DU RAFRAÎCHISSANT

TOI AUSSI, TU AS UNE BOUCHE

GLAÇONS PARFUMÉS

INGRÉDIENTS & MATÉRIEL

- 1 bac à glaçon
- Fruits ou herbes
- Eau

1. Couper des morceaux de fruits frais ou mettre des herbes dans un bac à glaçons.
2. Le remplir d'eau et le congeler. Les glaçons parfumés apporteront une touche rafraîchissante dans les boissons.

TISANE GLACÉE MAISON

INGRÉDIENTS

- 1 sachet de tisane (menthe, verveine)
- Eau chaude
- Glaçons

1. Préparer une infusion chaude avec un sachet de tisane et la laisser refroidir.
2. Ajouter des glaçons avant de servir pour une boisson désaltérante et naturelle.

BOISSON HYDRATANTE

INGRÉDIENTS

- 1 l d'eau
- Le jus de 1 citron
- 1 pincée de sel
- 1 cuil. à soupe de miel

Mélanger tous les ingrédients. Mettre la préparation dans une bouteille au réfrigérateur. À déguster dès qu'une petite soif se fait sentir !

C'EST QUE DU GÉNIE

Cette boisson permet de se réhydrater efficacement tout au long de la journée en cas de forte chaleur.

SALADE DE FRUITS GLACÉE

INGRÉDIENTS
- 1 pastèque
- 1 melon
- Fraises
- Menthe fraîche
- Glaçons

1. Couper la pastèque, le melon et les fraises en petits morceaux.
2. Mélanger les fruits dans un grand saladier.
3. Ajouter quelques feuilles de menthe fraîche pour parfumer.
4. Placer le saladier au réfrigérateur pendant 1 heure. Servir avec quelques glaçons pour encore plus de fraîcheur.

SMOOTHIE TROPICAL EXPRESS

INGRÉDIENTS
- 1 mangue
- 1 ananas
- 20 cl de lait de coco
- Glaçons

1. Éplucher la mangue et la couper en morceaux. Faire de même avec l'ananas.
2. Mixer dans un blender les fruits avec le lait de coco jusqu'à obtenir une texture lisse.
3. Ajouter des glaçons dans le blender pour un smoothie bien frais.

GASPACHO MAISON

INGRÉDIENTS
- 4 tomates
- 1 concombre
- 1 poivron rouge
- 2 cuil. à soupe d'huile d'olive
- 1 cuil. à café de vinaigre balsamique
- Croûtons

1. Couper les tomates, le concombre et le poivron rouge en morceaux.
2. Mixer le tout dans un blender avec l'huile d'olive et le vinaigre balsamique.
3. Réserver au réfrigérateur pendant 2 heures avant de servir avec des croûtons.

POUR LES ENFANTS

CONSTRUCTION DE CAIRNS

Ce jeu aide à développer la patience et la coordination.

Montrer aux enfants comment empiler des pierres plates pour créer des cairns. Compter le nombre de pierres empilées par les enfants, tout en vous assurant que cela ne perturbe pas l'environnement naturel.

GLACE AUX FRUITS SANS SORBETIÈRE

INGRÉDIENTS
- Fruits mixés (fraises, bananes)
- 2 yaourts nature
- 2 cuil. à soupe de miel

1. Mixer dans un blender des fraises et des bananes avec les yaourts nature et le miel.
2. Verser le mélange dans des moules à glace et insérer des bâtonnets.
3. Placer au congélateur pendant 4 heures avant de déguster.

SORBET À LA MANGUE

INGRÉDIENTS
- 1 sac de morceaux de mangue surgelés
- 10 cl de jus d'orange

1. Placer les morceaux de mangue surgelés dans un blender.
2. Ajouter le jus d'orange et mixer jusqu'à obtenir une texture de sorbet.
3. Servir immédiatement ou conserver au congélateur.

THÉ GLACÉ

INGRÉDIENTS
- 3 sachets de thé noir
- 1 l d'eau
- Le jus de 1 citron
- 2 cuil. à café de sucre en poudre
- Menthe fraîche

1. Faire infuser le thé noir dans l'eau chaude pendant 5 minutes.
2. Laisser refroidir puis ajouter le jus de citron et le sucre.
3. Réserver au réfrigérateur pendant 1 heure et servir avec des feuilles de menthe fraîche.

POUR LES ENFANTS

HAMAC AVEC UN DRAP

Seule recommandation, prendre un drap bien épais qui résiste au poids des enfants et une corde robuste. Ce hamac n'est pas destiné aux adultes. Il est exclusivement réservé aux enfants.

Nouer les deux extrémités du drap à deux arbres proches ou à des poteaux solides, en utilisant un nœud de cabestan. Faire une boucle au milieu de la corde, en laissant une longue extrémité libre. Passer l'extrémité libre sous la boucle, puis autour de la corde principale. Ramener l'extrémité libre dans la boucle et tirer pour serrer. Tirer sur le drap pour vérifier qu'il est bien tendu avant de l'utiliser.

DU FRAIS, DU FRAIS ET DU RAFRAÎCHISSANT

GRANITÉ CITRON-MIEL

INGRÉDIENTS
- Le jus de 3 citrons
- 50 cl d'eau
- 3 cuil. à soupe de miel

1. Mélanger dans un plat peu profond le jus de citron, l'eau et le miel.
2. Placer la préparation au congélateur. Toutes les 30 minutes, gratter avec une fourchette pour créer la texture granuleuse du granité.

EAU INFUSÉE AUX FRUITS ROUGES

INGRÉDIENTS
- 1 poignée de fraises
- 1 poignée de framboises
- 1 poignée de myrtilles
- Eau

C'EST QUE DU GÉNIE
C'est une boisson naturellement sucrée. Pas besoin d'ajouter du sucre.

1. Mettre les fraises, les framboises et les myrtilles dans une carafe.
2. Remplir la carafe d'eau et laisser infuser au réfrigérateur pendant 2 heures.
3. Servir avec des glaçons.

TARTINES FRAÎCHEUR

INGRÉDIENTS
- Fromage frais
- Pain complet
- Concombre
- Herbes fraîches

1. Tartiner du fromage frais sur les tranches de pain complet.
2. Ajouter de fines rondelles de concombre et saupoudrer d'herbes fraîches comme de la ciboulette ou du basilic.
3. Placer au réfrigérateur pendant 15 minutes avant de servir.

PANIER, SANDWICH ET GLACIÈRE

TOI AUSSI, TU ES LE ROI DU PIQUE-NIQUE

3 RÈGLES D'OR

1 **Rester compact :** privilégier les portions individuelles (tartelettes, muffins) ou les minibouchées qui se picorent avec les doigts (cakes, terrines, minitartelettes…). C'est plus pratique à emporter.

2 **Privilégier les plats uniques :** les salades composées font toujours leur petit effet.

3 **Être organisé :** la veille, préparer les cakes, les sauces, les desserts et les crudités. Avant de partir, garnir les sandwichs et préparer une salade de fruits. Sur place, il ne vous restera plus qu'à assaisonner les salades !

TRANSPORTER DES BOISSONS FRAÎCHES

NE ME REMERCIE PAS
C'EST TOTALEMENT GRATUIT

Astuce n° 1

MATÉRIEL
- Bouteilles en verre
- Torchons humides

1 Envelopper chaque bouteille d'un torchon humide.

2 Placer les bouteilles dans une glacière ou un sac isotherme. Le torchon humide aide à conserver la fraîcheur plus longtemps.

Astuce n° 2

MATÉRIEL
- 1 serviette épaisse
- Eau
- 1 sac plastique solide

1 Tremper une serviette dans l'eau, puis la placer dans un sac plastique et la congeler quelques heures.

2 L'utiliser comme refroidisseur pour les aliments ou les boissons.

PRÉPARER UN SAC PIQUE-NIQUE BIEN ORGANISÉ

MATÉRIEL
- Grand sac
- Boîtes de rangement
- Serviettes

1 Ranger chaque type d'aliment dans une boîte hermétique distincte.

2 Ajouter des serviettes pour protéger les plats et garder les boissons bien droites.

3 Placer les objets fragiles comme les verres ou les fruits en haut du sac.

CONSERVER LES ALIMENTS À BONNE TEMPÉRATURE

MATÉRIEL
- Poches réfrigérantes
- Glacière
- Papier d'aluminium

1 Disposer les poches réfrigérantes au fond de la glacière.

2 Placer les aliments les plus sensibles (salades, fromages, desserts) directement dessus.

3 Ajouter une couche intermédiaire de papier d'aluminium pour maintenir le froid.

BOÎTE À COUVERTS ET SERVIETTES

MATÉRIEL
- Petite boîte en carton
- Élastiques
- Papier décoratif

1 Décorer une petite boîte en carton avec du papier coloré ou des dessins.

2 Utiliser des élastiques pour maintenir les couverts et les serviettes bien rangés à l'intérieur.

POUR LES ENFANTS

CHASSE AU TRÉSOR

Rien de tel que cette chasse au trésor pour mettre en appétit petits et grands.

Créer une liste d'objets que les enfants doivent chercher dans la nature, comme une feuille en forme de cœur, une pierre lisse ou une fleur jaune. Les diviser en équipes ou en solo et les laisser explorer pour trouver tous les objets. Le premier à compléter la liste gagne.

PANIER, SANDWICH ET GLACIÈRE

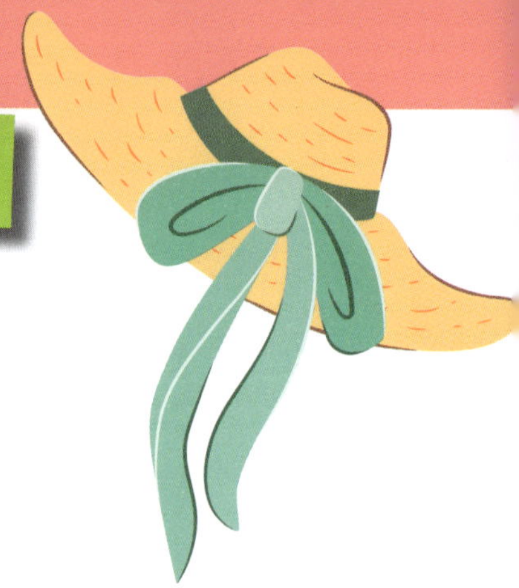

WRAPS

INGRÉDIENTS
(VARIABLE SELON LE NOMBRE)
- Fromage frais
- Tortillas
- Jambon
- Crudités (carottes râpées, salade)

1. Étaler une fine couche de fromage frais sur une tortilla.
2. Ajouter 1 tranche de jambon et des crudités (carottes râpées, feuilles de salade).
3. Rouler la tortilla bien serrée et la couper en deux.
4. Emballer chaque moitié dans du papier sulfurisé pour un transport propre et facile.

BOCAUX DE SALADE

INGRÉDIENTS
- Quinoa cuit
- Tomates cerises
- Feta
- Olives noires
- Vinaigrette

1. Remplir des bocaux en verre avec une base de quinoa cuit.
2. Ajouter des couches de tomates cerises coupées, des morceaux de feta et quelques olives.
3. Verser une petite portion de vinaigrette dans un bocal séparé pour éviter que la salade ne ramollisse.

SANDWICHS TRIANGLES GOURMANDS

INGRÉDIENTS
- Pain de mie complet
- Mayonnaise légère
- Poulet grillé
- Avocat

1. Tartiner légèrement 1 tranche de pain de mie avec de la mayonnaise.
2. Ajouter des morceaux de poulet grillé et des tranches d'avocat.
3. Recouvrir avec une seconde tranche de pain, puis couper en triangles. Emballer dans un film alimentaire.

BROCHETTES DE FRUITS

INGRÉDIENTS
- Raisins
- 1 kiwi
- ½ pastèque

1. Couper le kiwi et la pastèque en cubes.
2. Enfiler les raisins et les morceaux de fruits sur des bâtons en bois en alternant les couleurs.
3. Garder les brochettes au frais jusqu'au moment de les servir.

BROCHETTES APÉRITIVES

INGRÉDIENTS
- Tomates cerises
- Mozzarella
- Basilic

1. Enfiler sur un cure-dent 1 tomate cerise, 1 bille de mozzarella et 1 feuille de basilic.
2. Répéter l'opération pour créer plusieurs brochettes apéritives. Les conserver dans une boîte hermétique au frais.

DESSERT EN POT

INGRÉDIENTS
- Fromage blanc
- Granola
- Fruits rouges

1. Dans un petit pot, déposer une couche de fromage blanc, une couche de granola et des fruits rouges sur le dessus.
2. Emporter ce dessert dans une boîte hermétique.

TU SAVAIS QUE...
PENSER JUSTE À APPORTER UNE CUILLÈRE EN BOIS OU EN PLASTIQUE POUR DÉGUSTER LE DESSERT SUR PLACE.

POUR LES ENFANTS

LANCER DE PIERRES SUR L'EAU

Le plus vieux jeu du monde. Le faire découvrir aux enfants est toujours un instant magique ! C'est un jeu simple mais amusant à pratiquer près de l'eau.

Montrer aux enfants comment choisir des pierres plates et leur montrer comment faire des ricochets. Bien compter le nombre de ricochets que chacun arrive à faire. Organiser un concours.

LES VACANCES C'EST FINI…
LE NETTOYAGE C'EST PARTI !

TOI AUSSI TU AIMES LE PROPRE

NETTOYANTS MULTI USAGE

C'EST QUE DU GÉNIE
Écologique et économique,
tout en sentant bon.

Astuce n° 1

PRODUITS
- Agrumes (oranges, citrons)
- Vinaigre blanc
- Eau

8-10 € | 0,10 €

1 Récupérer les épluchures d'agrumes et les placer dans un bocal.
2 Les recouvrir de vinaigre blanc et laisser macérer 1 à 2 semaines.
3 Filtrer le mélange et le diluer dans de l'eau pour obtenir un nettoyant naturel.

Astuce n° 2

PRODUITS
- 1 cuil. à soupe de savon de fiel de bœuf
- 1 l d'eau

5 € / 75 cl | 0,05 € / 1 l

CONSERVATION
Environ 2 semaines
Si le mélange s'épaissit, le diluer avec un peu d'eau.

1 Couper le savon en tout petits morceaux. Dans une casserole, verser l'eau et ajouter le savon.
2 Faire chauffer jusqu'à ébullition en mélangeant de temps en temps. Laisser bouillir quelques instants pour que le savon soit bien fondu.
3 Laisser refroidir et transvaser dans le contenant de votre choix. Le produit est prêt à l'emploi.

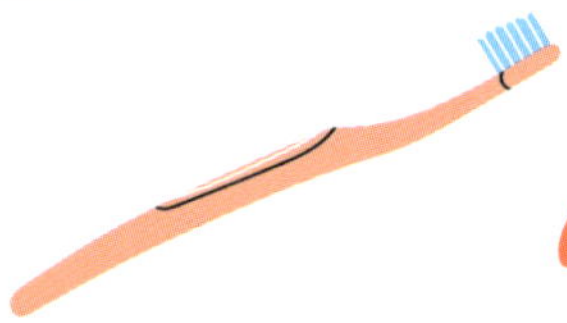

NETTOYER LES RECOINS

PRODUITS
- 1 vieille brosse à dents
- Produit nettoyant maison

NE ME REMERCIE PAS
C'EST TOTALEMENT GRATUIT

1 Appliquer un peu de produit nettoyant sur une brosse à dents usagée.
2 L'utiliser pour frotter les coins et recoins difficiles d'accès.

NETTOYANT POUR LE SOL

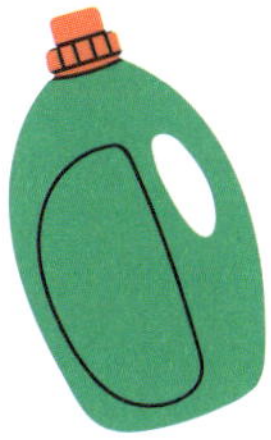

PRODUITS
- 20 cl d'eau
- 20 cl de vinaigre blanc
- 20 cl d'alcool ménager

3 €/ 75 cl — 0,20 €/ 60 cl

CONSERVATION
Environ 2 semaines dans un contenant fermé

1 Mélanger dans le contenant de votre choix l'eau, le vinaigre blanc et l'alcool ménager.

2 Tremper une serpillière dans la préparation. Frotter le sol. En séchant, aucune trace n'apparaîtra.

NETTOYANT POUR LES VITRES

3 €/ 75 cl — 0,10 €/ 60 cl

PRODUITS
- 10 cl de vinaigre blanc
- 1 cuil. à soupe de liquide vaisselle
- 40 cl d'eau

1 Dans un spray, verser le vinaigre blanc et le liquide vaisselle. Compléter avec l'eau.

2 Pulvériser le produit sur les vitres. Nettoyer les vitres à l'extérieur et à l'intérieur avec un chiffon microfibre.

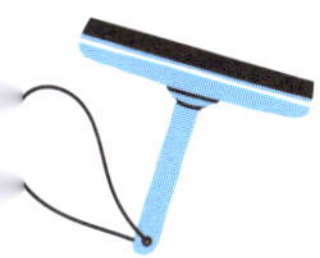

NETTOYER LES CARREAUX DE SALLE DE BAINS

PRODUITS
- Vinaigre blanc
- Eau
- 1 chiffon propre

1 Mélanger à parts égales l'eau et le vinaigre blanc dans un pulvérisateur.

2 Vaporiser sur les carreaux de la salle de bains et essuyer avec un chiffon propre pour enlever les taches de calcaire.

POUR LES ENFANTS

DÉGUISEMENT DE SUPER-HÉROS

Vos enfants seront fiers de porter un déguisement qu'ils auront aidé à créer. Et au lieu de jeter des affaires, c'est aussi un moyen de recycler.

Transformer un vieux tee-shirt en costume de super-héros en utilisant de la peinture pour tissu. Vous pourrez ainsi dessiner un logo ou un symbole. Et laisser aussi vos enfants dessiner sur le tee-shirt et créer leurs propres costumes.

LES VACANCES C'EST FINI… LE NETTOYAGE C'EST PARTI !

DÉPOUSSIÉRER LES RIDEAUX

MATÉRIEL
1 aspirateur avec 1 embout à brosse

Fixer l'embout à brosse de l'aspirateur et le passer doucement sur les rideaux. Cela permet de retirer la poussière sans avoir à les laver.

NETTOYAGE RAPIDE DES JOUETS EN PLASTIQUE

PRODUITS & MATÉRIEL
- 1 bassine
- Eau chaude savonneuse
- 1 éponge douce
- 1 serviette

1. Remplir une bassine d'eau chaude savonneuse.
2. Tremper les jouets et frotter avec une éponge douce.
3. Les rincer sous l'eau claire. Laisser sécher sur une serviette propre.

NETTOYAGE DES JOUETS EN TISSU

MATÉRIEL
1 sac de lavage pour petits articles

1. Placer les jouets en tissu (peluches, coussins) dans un sac de lavage. Les mettre dans la machine à laver.
2. Les laver à l'eau froide. Les laisser sécher à l'air libre.

TU SAVAIS QUE…
CES JOUETS RETROUVENT LEUR DOUCEUR SANS PRODUIT CHIMIQUE.

POUR LES ENFANTS

TAPIS DE JEU FAIT MAISON

Rien de plus simple. Il est adaptable à l'âge des enfants.

Prendre un vieux tissu et le découper aux dimensions souhaitées. Utiliser des feutres pour tissu pour créer un tapis de jeu unique avec des dessins de routes, des maisons ou des animaux.

NETTOYER LES COUSSINS DE CANAPÉ

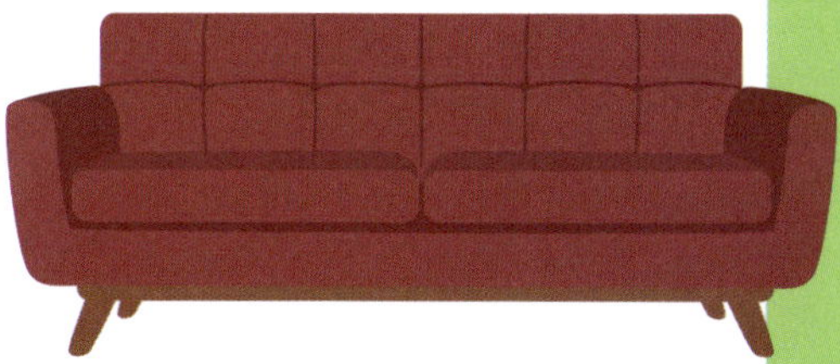

PRODUITS & MATÉRIEL
- Savon de Marseille
- Brosse douce
- Eau
- 1 chiffon sec et propre

1. Mélanger dans une bassine de l'eau avec du savon de Marseille. Humecter la brosse de cette eau savonneuse.
2. Frotter les coussins avec la brosse. Passer le chiffon sec pour éliminer l'humidité restante et rafraîchir les tissus.

DÉSINFECTANTS ET DÉSODORISANTS

NE ME REMERCIE PAS C'EST TOTALEMENT GRATUIT

Astuce n° 1

PRODUITS
- 50 cl d'eau
- Les restes de 2 citrons pressés

CONSERVATION
Environ 2 semaines

1. Dans une casserole, mettre l'eau et les restes des 2 citrons pressés.
2. Porter à ébullition. Laisser infuser 10 minutes. Couper le feu.
3. Laisser refroidir et transvaser dans un spray. Pulvériser à votre convenance.

TU SAVAIS QUE...
LE CITRON CONTIENT EN GRANDE QUANTITÉ DE L'ACIDE CITRIQUE, UN DÉSINFECTANT NATUREL.

C'EST QUE DU GÉNIE
Ce produit peut aussi s'utiliser pour désinfecter les machines à laver et le four.

Astuce n° 2

PRODUIT
- Café moulu

Placer des bols de café moulu dans des endroits où des odeurs persistent, comme le réfrigérateur, les placards ou les tiroirs.

C'EST QUE DU GÉNIE
Le café agit comme un désodorisant naturel.

NETTOYAGE DE LA CUISINE

Astuce n° 1

PRODUITS
- 1 l d'eau
- 1 cuil. à soupe de sel
- Épluchures de 1 orange
- 1 verre de vinaigre blanc

5 € /1 l — 0,10 € /1 l

CONSERVATION
Environ 2 semaines

C'EST QUE DU GÉNIE
Utiliser cette solution pour nettoyer les surfaces de la cuisine, enlever les graisses et les taches.

1 Dans une casserole, mettre l'eau et les épluchures d'orange. Ajouter le sel.

2 Faire chauffer à feu doux, porter à ébullition, laisser infuser quelques minutes, puis laisser refroidir. Ajouter le vinaigre blanc. Bien mélanger.

3 Enlever les épluchures et mettre dans un bidon ou un spray.

Astuce n° 2

PRODUITS
- 1 cuil. à soupe de terre de Sommières
- 1 cuil. à soupe de bicarbonate de soude ou alimentaire
- 2 cuil. à soupe de liquide vaisselle
- 2 cuil. à soupe d'eau chaude

10 € /1 l — 0,05 € /1 l

TU SAVAIS QUE...
C'EST UN PRODUIT POUR TOUTE LA CUISINE.

1 Dans le contenant de votre choix, mettre la terre de Sommières, le bicarbonate, le liquide vaisselle et l'eau chaude qui va permettre de dissoudre tous les produits.

2 Bien mélanger. Le produit est prêt.

NETTOYAGE RAPIDE DU FOUR

PRODUITS & MATÉRIEL
- 3 cuil. à soupe de bicarbonate de soude
- Eau
- 1 éponge

5 € — 0,05 €

1 Mélanger dans le contenant de votre choix du bicarbonate de soude avec un peu d'eau pour obtenir une pâte.

2 Appliquer sur les parois du four et laisser agir pendant 15 minutes. Frotter avec une éponge et rincer.

NETTOYER LE RÉFRIGÉRATEUR

PRODUITS & MATÉRIEL
- 4 tasses d'eau chaude
- 1 tasse de vinaigre blanc
- 1 éponge

6 € — 0,02 €

1 Mélanger le vinaigre blanc et l'eau chaude dans le contenant de votre choix.

2 Utiliser cette solution pour essuyer l'intérieur du réfrigérateur, enlever les résidus et désinfecter les surfaces.

LES VACANCES C'EST FINI...
LE NETTOYAGE C'EST PARTI !

NETTOYAGE DES CHAUSSURES D'ÉTÉ

PRODUITS & MATÉRIEL
- Savon de Marseille
- 1 brosse douce
- Eau

1. Mélanger dans une bassine de l'eau avec du savon de Marseille. Imbiber une brosse douce avec l'eau savonneuse.
2. Frotter délicatement les sandales ou les tongs pour les rafraîchir et les nettoyer avant la rentrée.

DÉSODORISANT POUR PLACARDS

PRODUITS
- Gros sel ou sel fin
- Produits des placards (épices, herbes séchées...)
- Cueillette en forêt (pommes de pin, lavande...)

3 € / 0,01 €

TU SAVAIS QUE...
LE SEL ABSORBE L'HUMIDITÉ.

1. Dans le contenant de votre choix, mettre du sel, puis ajouter ce que vous avez sous la main ou ce que vous pouvez ramasser lors d'une balade en forêt : des pommes de pin, du thym séché, de la lavande, des écorces séchées d'agrumes, des fleurs séchées...
2. Bien mélanger et déposer le contenant dans votre placard.

POUR LES ENFANTS

FAIRE UN HERBIER

Cueillir des plantes ou des fleurs en vous promenant dans la nature.

Les coller dans un carnet avec des notes sur leur emplacement et leurs caractéristiques. Cet herbier servira de référence pour mieux comprendre la biodiversité autour de chez vous.

RANGEMENT ET TRI : LES BONNES RÉSOLUTIONS DE LA RENTRÉE

TOI AUSSI TU AIMES L'ORDRE

TRI MALIN DES FOURNITURES SCOLAIRES

NE ME REMERCIE PAS C'EST TOTALEMENT GRATUIT

MATÉRIEL
- 1 grande table
- Boîtes de rangement en carton
- Étiquettes

1 Étaler toutes les fournitures scolaires sur une table.

2 Les classer par catégories : crayons, stylos, cahiers, etc.

3 Placer chaque catégorie dans une boîte ou un sac étiqueté.

C'EST QUE DU GÉNIE
Cela évitera d'acheter des fournitures en doublon et donc permet de réaliser des économies.

RANGER LES PLACARDS DES ENFANTS

MATÉRIEL
- Boîtes en carton
- Étiquettes
- Ciseaux

1 Recycler des boîtes en carton pour organiser les placards.

2 Découper les bords supérieurs pour les rendre plus accessibles.

3 Étiqueter chaque boîte selon son contenu (chaussettes, jouets, fournitures).

TRIER LES VÊTEMENTS DE L'ÉTÉ

MATÉRIEL
- Sacs sous vide
- Sacs pour vêtements

1 Trier les vêtements d'été, ceux que vous gardez et ceux que vous ne voulez pas garder pour l'année d'après.

2 Placer les vêtements à garder dans des sacs sous vide pour économiser de l'espace dans les placards.

3 Mettre les autres dans des sacs à donner ou à recycler.

UTILISER L'ESPACE

Astuce n° 1

MATÉRIEL
- Récup tiroirs ou bacs de rangement

Utiliser l'espace disponible sous le lit pour ranger des objets qui encombrent vos placards. Pour cela rien de plus simple. Il vous suffit de placer sous votre lit des bacs de rangement que vous pouvez également agrémenter de roulettes si vous êtes bricoleur pour en faciliter l'usage.

Astuce n° 2

MATÉRIEL
- Crochets ou porte-serviettes

Les arrières des portes peuvent aussi vous permettre de gagner des rangements. En effet, en y mettant des crochets ou des porte-serviettes, vous pouvez y suspendre ce que vous souhaitez. Cela reste discret et très utile pour les manteaux, les serviettes...

TU SAVAIS QUE...
VOUS POUVEZ AUSSI FAIRE LA MÊME CHOSE AVEC LES PORTES DE PLACARDS OU D'ARMOIRES. TOUT EST RANGÉ À L'ABRI DES REGARDS.

Astuce n° 3

MATÉRIEL
- Organisateurs de tiroirs

N'hésitez pas à investir dans des organisateurs de tiroirs, il en existe de toutes tailles et dans divers matériaux. Cela peut être utile de bien ranger le tiroir de votre bureau ou celui où vous rangez vos vêtements. C'est du temps gagné pour retrouver ce que vous cherchez et de l'énervement en moins.

Astuce n° 4

MATÉRIEL
- Valises

Et pourquoi ne pas utiliser les valises que vous venez de vider à votre retour de vacances. Y mettre des vêtements que vous n'utiliserez pas avant un certain temps, avant vos prochaines vacances par exemple. Vous ne perdez pas de place et augmentez votre capacité de rangement.

POUR LES ENFANTS

OBSERVER LES OISEAUX

Apprendre aux enfants à utiliser des jumelles pour observer les oiseaux.

Noter ensemble les types d'oiseaux que vous voyez et essayer de les identifier dans un livre ou avec une application mobile dédiée aux oiseaux.

FAITES LE PLEIN D'ACTIVITÉS !

TOI AUSSI,
TES ENFANTS ILS AIMENT
JOUER !

EN VOITURE, EN TRAIN, OU EN AVION...

TOI AUSSI, TU AIMES LES TRAJETS CALMES !

BOÎTE À SURPRISES

MATÉRIEL
- 1 petite boîte
- Jouets ou activités surprises (coloriages, figurines)

Remplir une boîte avec des jouets ou activités que les enfants n'ont pas vus depuis longtemps. Donner un nouvel objet toutes les 30 minutes pour les occuper le long du voyage.

JEU DES COULEURS

Organiser un jeu où chaque participant choisit une couleur. Le premier à repérer 10 objets de sa couleur (voitures, panneaux, bâtiments) gagne un point. Cela aide à distraire les enfants et à rendre le trajet plus ludique.

CHANSONS OU HISTOIRES AUDIO

MATÉRIEL
- 1 casque
- Playlist ou podcasts adaptés

Préparer une liste d'histoires audio ou de chansons adaptées aux enfants. Les encourager à écouter avec un casque pour les distraire sans déranger les autres passagers.

CARNET DE VOYAGE

MATÉRIEL
- 1 cahier
- Crayons
- Autocollants

Donner aux enfants un cahier pour dessiner ou écrire ce qu'ils voient pendant le trajet. Ajouter des autocollants ou des tampons pour les encourager à être créatifs.

SAC D'ACTIVITÉS POLYVALENT

MATÉRIEL
- Sac à dos
- Jeux de cartes
- Livres
- Puzzles portables

Remplir un sac à dos avec des jeux légers et silencieux comme des puzzles magnétiques ou des petits livres. Ce sac peut être placé sous le siège pour rester accessible tout au long du trajet.

JOUER DEHORS ET PROFITER DE LA NATURE

TOI AUSSI, TU DÉCONNECTES

EMPREINTES ANIMALES

MATÉRIEL
- Papiers
- Crayons
- 1 guide des empreintes

1. Partager un guide des empreintes animales avec les enfants. Lors de vos promenades, leur demander d'observer les sols pour repérer et dessiner les empreintes d'animaux.
2. Utiliser un carnet pour y inscrire ce que vous avez trouvé et discuter des animaux dont vous avez repéré les empreintes.

C'EST QUE DU GÉNIE
Une manière ludique de parler des animaux, de mieux les comprendre, de connaître leur habitat, leur mode de vie…

JEU DE RÔLE « EXPLORATEUR »

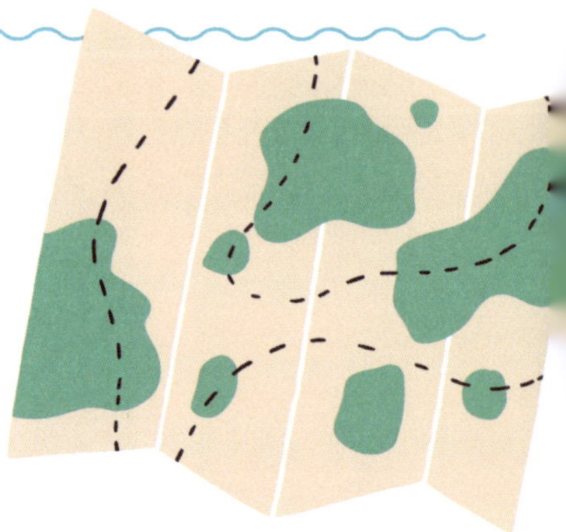

MATÉRIEL
- Binoculaires (facultatif)
- 1 carte simple de la zone

Donner aux enfants des binoculaires (ou juste des lunettes de soleil pour l'imaginaire) et une carte simple. Créer une aventure où ils doivent « explorer » la nature, trouver des « trésors » (pierres, insectes, plantes) et marquer leur itinéraire sur la carte.

LES COULEURS DE LA NATURE

LISTE DE COULEURS À TROUVER DANS LA NATURE

1 Créer une liste de couleurs à trouver dans la nature (par exemple, rouge, vert, jaune, bleu).

2 Demander aux enfants de repérer ces couleurs dans les plantes, les fleurs ou les animaux qu'ils voient autour d'eux. C'est une façon amusante de stimuler leur observation tout en étant dehors.

C'EST QUE DU GÉNIE

N'hésitez pas à donner aux enfants des informations complémentaires sur leurs trouvailles. Cela développe leur soif de connaissance.

UNE CABANE DANS LES ARBRES

MATÉRIEL
- Branches
- Corde (facultatif)
- 1 couverture

Chercher un arbre solide où vous pouvez construire une petite cabane avec des branches tombées. Les enfants peuvent aider à ramasser des branches et les empiler pour créer un petit abri. Utiliser une couverture pour rendre l'intérieur plus confortable et créer un petit coin de lecture ou de repos.

LE MANDALA DE LA NATURE

TU SAVAIS QUE...

C'EST UNE ACTIVITÉ CALME ET CRÉATIVE QUI PERMET AUX ENFANTS DE SE CONNECTER À LA NATURE TOUT EN S'AMUSANT.

MATÉRIEL
- Fleurs
- Pierres
- Feuilles
- Branches

1 Ramasser des éléments naturels comme des fleurs, des feuilles, des pierres et des brindilles.

2 Utiliser ces éléments pour créer un mandala sur le sol.

OBSERVER LES INSECTES ET LEURS HABITATS

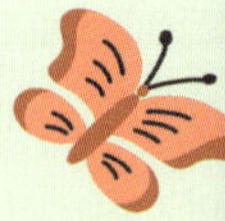

C'EST QUE DU GÉNIE

Rappeler à cette occasion que les insectes ne sont pas que des nuisibles. Ils ont un rôle écologique majeur : certains pollinisent, d'autres labourent le sol et recyclent la matière organique.

MATÉRIEL
- 1 loupe
- 1 carnet

1. Utiliser une loupe pour observer les insectes (fourmis, abeilles, papillons) et leur comportement.
2. Noter les types d'insectes que vous voyez et discuter de leur rôle dans l'écosystème.

FABRIQUER UNE MANGEOIRE À OISEAUX

MATÉRIEL
- 1 bouteille en plastique
- Graines pour oiseaux
- Fil
- Ciseaux
- Branches

C'EST QUE DU GÉNIE

Avec une telle construction, les enfants découvrent que les oiseaux sont nombreux et divers, mais surtout ils aident les oiseaux, surtout l'hiver où il est parfois difficile de trouver de la nourriture.

Couper le haut de la bouteille. Faire des trous au fond de la bouteille pour que l'eau s'écoule. Faire des trous au milieu de la bouteille pour insérer des branches ou des bâtons pour que les oiseaux puissent se poser. Remplir la bouteille de graines pour oiseaux et la suspendre dans un arbre. Observer les oiseaux venir se nourrir.

RECONNAÎTRE LES ARBRES

MATÉRIEL
- 1 guide des arbres
- Feuilles

Ramasser des feuilles tombées des arbres et essayer de les identifier avec un guide des arbres. Discuter des différentes sortes d'arbres et de leur rôle dans l'environnement.

UN JARDIN POUR LES INSECTES POLLINISATEURS

MATÉRIEL
- Fleurs
- Plantes mellifères

Planter des fleurs comme la lavande, le tournesol et la sauge qui attirent les abeilles et autres pollinisateurs. Apprendre aux enfants comment ces insectes aident à la pollinisation des plantes.

ÉCOUTER LES CHANTS DES OISEAUX

MATÉRIEL
- 1 enregistreur audio ou 1 application d'identification des oiseaux

Écouter les chants des oiseaux à l'extérieur et essayer d'identifier les différentes espèces grâce à un enregistreur ou une application. Enregistrer les sons et les comparer avec des références pour les reconnaître.

SUIVRE LA TRAJECTOIRE DU SOLEIL ET DES NUAGES

MATÉRIEL
- 1 carnet d'observation

Noter la position du soleil et observer comment les nuages changent de forme. C'est une excellente occasion d'expliquer les phénomènes météorologiques et de suivre les changements du climat.

TU SAVAIS QUE
CE PEUT ÊTRE L'OCCASION DE SENSIBILISER LES ENFANTS AUX CHANGEMENTS CLIMATIQUES.

ATELIER DE PEINTURE NATURELLE

MATÉRIEL
- Terre ou charbon
- Herbes
- Eau
- Pinceaux
- Papier ou cailloux

Mélanger de la terre ou du charbon avec de l'eau pour créer une peinture. Ajouter des herbes pour obtenir différentes textures ou couleurs. Laisser les enfants peindre sur du papier ou des cailloux.

TABLE DES MATIÈRES

LE TEMPS DES VALISES

IL EST VENU LE TEMPS DU BARBECUE...

COQUILLAGES ET CRUSTACÉS

TENTE, SARDINES ET GAZINIÈRE !

1 KILOMÈTRE À PIED, ÇA USE ÇA USE...

AU SOLEIL, À MIDI OU À MINUIT, ON SE PROTÈGE

HEUREUX QUI COMME TOI A FAIT UN BEAU JARDIN !

SUR LA ROUTE, OUI, IL Y A DE L'AVENTURE !

AÏE ! ÇA PIQUE ET ÇA DÉMANGE...

CRUELLE CANICULE ! C'EST LA LUTTE !

DU FRAIS, DU FRAIS ET DU RAFRAÎCHISSANT

PANIER, SANDWICH ET GLACIÈRE

LES VACANCES C'EST FINI... LE NETTOYAGE C'EST PARTI !

RANGEMENT ET TRI : LES BONNES RÉSOLUTIONS DE LA RENTRÉE

POUR LES ENFANTS

CHEZ LE MÊME ÉDITEUR

Direction : Didier Férat
Direction éditoriale : Corinne Cesano
Édition : Iris Odier
Collaboration éditoriale : Ninon Le Bourhis
Fabrication : Camille Friquet

Cet ouvrage a été réalisé par Le Livre d'Après pour les Éditions Solar
Conception graphique et mise en pages : Emmanuelle Audebrand

92 avenue de France – 75013, Paris
01 44 16 09 00
info@lisez.com
www.lisez.com

ISBN : 978-2-263-19056-8
Code éditeur : L19056/01
Dépôt légal : mai 2025
Imprimé chez EGEDSA en Espagne en avril 2025